U0933501

珍藏本
纪念版

汉译世界学术名著丛书

科学与近代世界

〔英〕A.N. 怀特海 著

何钦 译

商务印书馆
SINCE 1897 The Commercial Press

2017 年 · 北京

A. N. Whitehead
SCIENCE AND
THE MODERN WORLD
Cambridge University Press
1932

根据剑桥大学出版社 1932 年版译出

汉译世界学术名著丛书
（120 年纪念版·珍藏本）
出 版 说 明

2017 年 2 月 11 日，商务印书馆迎来 120 岁的生日。120 年前，商务印书馆前贤怀揣文化救国的理想，抱持“昌明教育，开启民智”的使命，立足本土，放眼寰宇，以出版为津梁，沟通中西，为中国、为世界提供最富智慧的思想文化成果。无论世事白云苍狗，潮流左右激荡，甚至战火硝烟弥漫，始终践行学术报国之志，无改初心。

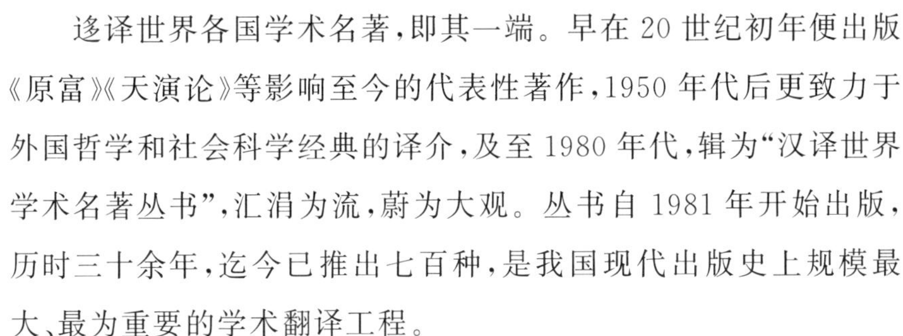

迻译世界各国学术名著，即其一端。早在 20 世纪初年便出版《原富》《天演论》等影响至今的代表性著作，1950 年代后更致力于外国哲学和社会科学经典的译介，及至 1980 年代，辑为“汉译世界学术名著丛书”，汇涓为流，蔚为大观。丛书自 1981 年开始出版，历时三十余年，迄今已推出七百种，是我国现代出版史上规模最大、最为重要的学术翻译工程。

丛书所选之书，立场观点不囿于一派，学科领域不限于一门，皆为文明开启以来，各时代、各国家、各民族的思想与文化精粹，代表着人类已经到达过的精神境界。丛书系统译介世界学术经典，引领时代思想，为本土原创学术的发展提供丰富的文化滋养，为推动中国现代学术和现代化进程做出了突出的贡献。

为纪念商务印书馆成立 120 周年，我们整体推出“汉译世界学术名著丛书”120 年纪念版的珍藏本，寄望既利于文化积累，又便于研读查考，同时向长期支持丛书出版的译者、编者和读者致以敬意。

两甲子后的今天，商务印书馆又站在了一个新的历史时间节点上。我们不仅要铭记先辈的身影和足迹，更须让我们的步伐充满新的时代精神。这是商务人代代相传的事业，更是与国家和民族的命运始终紧密相连的事业。我们责无旁贷，必须做好我们这代人的传承与创造，让我们的努力和成果不仅凝聚成民族文化的记忆，还能成为后来人可以接续的事业。唯此，才能不负前贤，无愧来者。

商务印书馆编辑部

2017 年 10 月

目　录

序　言

本书要研究的是在过去的三个世纪中，西方文明受到科学发展影响后在某些方面的情况。我认为，时代思潮是由社会的有教养阶层中实际占统治地位的宇宙观所产生的。这一研究就以这种信念为指导原则。由于文化的部门繁多，观念体系也可能不止一个。人类活动中如科学、美学、伦理学和宗教等都可能产生宇宙观，而又受宇宙观的影响。这些部门在每一个时代中，都各自提出不同宇宙观。由于同一群人将受到一种以上或全部上述活动的影响，所以他们的实际观点便是上述各来源的综合产物。但每一个时代都有一种占支配地位的专门活动。在本书所讨论的三个世纪中，科学方面所产生的宇宙观压倒了其他方面所形成的旧观点而独步一时。人们在时间和空间上都可能有一定的局限性。我们要问的是：现代世界新出现的科学思想是不是这种局限性的大好例证？

哲学具有批判宇宙观的功用。这就是将各种有关事物本质的直觉加以调和、改变它的形式、并提出根据。在形成宇宙观体系时，它必须坚持彻底考察终极概念，并保持全部论据。它的任务就是在任何情况下把未经理智检验和无意识地做出的过程明确化，并尽可能使之发生效果。根据这一点，许多科学进展方面的深奥细节我便没有多作介绍的必要了。现在大家所需要的和我个人的目标都是在于系统地研究主要概念的内在情况。假如我对哲学的功用的看法没有错的话，它便是一切知识活动中最富有成效的一种。它在工人还没搬来一块石头以前就盖好了教堂，在自然因素还没有使它的拱门颓废时就毁掉了整个的结构。它是精神建筑物的工程师和分解因素。物质未曾来，精神就已经先到了。哲学的功用是缓慢的。思想往往要潜伏好几个世纪，然后人类几乎是突然间发现它们已经在习惯中体现出来了。

本书主要是由 1925 年 2 月间所发表的八篇罗威尔讲演组成的。目前出版的形式就是把这些讲演稍加扩充，并把其中的一篇分成第七、八两章。此外还增加了一些内容，尽量使本书的思想更加完整。这是那次讲演所无法容纳的。新增的内容中，如第二章——“作为思想史要素之一的数学”便是我在罗德岛、普罗维斯坦城、布朗大学的数学学会中发表的一篇演说；第十二章——“宗教与科学”是我在哈佛大学布洛克厅发表的演说，并将在今年(1925)的“大西洋杂志”8 月号上刊登；第十章和第十一章——“抽象”与“上帝”则是在本书中初次出现的材料。本书反映了一个完整的思想体系，其中的内容起初曾怎样利用过仅只是次要的问题。

本书曾引用劳·摩尔根的“创造的进化”与亚历山大的“空间、时间与神性”，但没有机会详细注明出处。读者不难看出这些书对我的启发是很大的。尤其值得感谢的是亚历山大那本伟大的著作。书中由于涉及的范围很广，所以概念和资料的来源都无法详细注明。本书是以往多年来阅读和思考的成果。但由于原先没有想到要把它出版，所以现在想详细注明资料出处也无从下手了。

好在事实上并没有必要，因为我所引用的事实都是简单的和众所周知的。在哲学方面，关于认识论的探讨完全没有列入。因为如果讨论这个问题，势必会使全书顾此失彼。本书的主要目的是说明现代哲学具有压倒一切的重要性。

同事拉斐尔·德谟斯君为我校读清样，并在文字表达方面提出了许多有益意见，感荷殊深，特此致谢。

1925 年 6 月 29 日于哈佛大学

第一章　现代科学的起源

文明的进展并不完全像是一股奔腾直前日趋佳境的巨流。如果我们用一种相当大的比例尺把它绘制成图，也许会具有上述外观。但这种广泛的看法往往会模糊细节，而我们对这一过程的全部理解却必须着眼于这种细节。假如我们从绵延几万年的全部人类历史来看，新时代的出现往往是相当突然的。默默无闻的民族有时突然在事物的主流中出现；技术上的发现可以改变人类生活的状况；原始的艺术可以很快地开出花朵，以满足某种审美的热情；伟大的宗教在披荆斩棘的时代，可以在各族人民之间传布天国的安宁和真主的剑。

公元16世纪时，西方基督教发生了分裂，同时，现代科学也欣欣向荣地发展起来了。这是一个翻腾酝酿的时代。当时各种新范畴和新观点被提出的固然不少，可是被确定下来的却无可称述。在科学上，哥白尼和弗萨柳斯可以作为代表人物。他们典型地表现了当时的新宇宙观和强调直接观察的科学精神。乔尔丹诺·布鲁诺受难的原因虽然不是为了科学而是为了自由构思的玄想，但他却是当时的殉道者。严格地说来，近代科学的第一个世纪是由于他在1600年的死而开了先河。但因为后世的科学思想风尚不信任他那种空泛的玄想，所以乔尔丹诺·布鲁诺受刑这件事情中便存在着一种象征意义而没有被人察觉。宗教改革虽然极为重要，但只能认为是欧洲民族内部的事情。连东方的基督徒也用一种完全漠不相关的态度来看待它。同时，这种分裂在基督教和其他两种宗教中，也不是什么新鲜事了。我们即使把这次伟大革命的意义扩大到基督教会全部历史的范围中来观察，也仍然不能认为它在人类生活中创立了什么新的原则。但不论是好是坏，总而言之，这是一次伟大的宗教改革，只是不能算为一种新宗教的出现而已。宗教改革运动本身并不承认有一种新宗教出现，而宗教改革家也说他们只是把那些被人遗忘的东西恢复起来而已。

至于近代科学的兴起，情况就迥然不同了。它在各方面都和当代的宗教改革运动形成了对比。宗教改革是一种群众性的骚动，它曾使整个欧洲在一个半世纪中沐浴在血泊里。而科学运动在刚开始时，则只限于少数知识界的菁华。在那目睹30年战争发生，而尼德兰的亚尔伐事件[①]又还是记忆犹新的世纪里，科学界人物遭到的最大不幸，只是伽利略在平安地寿终正寝以前所受光荣的拘禁和缓和的谴责。人类面貌古来第一次最深入的变革，就是以这种平静的方式开始的。迫害伽利略的方式可以说是这个变革的开幕式上的一个献礼。因为自从一个婴儿降生在马槽里以来，还很难说有这么大一次变革是以这样小的骚动开始的。

这一次系统讲演的主题是要说明科学上这种平静的发展，实际上把我们的思想面貌完全改变了。因此，以往某些例外的思想方式现在却在知识界中流传得极广，这种思想面貌的改变在欧洲

① 西班牙将军亚尔伐征服尼德兰时曾大肆屠杀。——译注

的人民中已经缓慢地进行了许多年，最后爆发为一种科学的飞跃进步。新的思想面貌也由于得到了这样显著的体现而加强了。这种新思想方式甚至比新科学和新技术更为重要。它把我俩心中的形而上学前提以及构思的内容全都改变了。因此，以往的旧刺激到现在就能获得新的反应。新面貌的比喻也许太着痕迹了。我所说的仅只是差之毫厘，失之千里的变化。令人钦敬的天才学者威廉·詹姆士在一封公开的信中有一句话说得很贴切。当他写完他那部伟大的著作“心理学原理”之后，曾写了一封信给他的兄弟亨利·詹姆士，说道：“我必须面对着无情而不以人意为转移的事实铸成每一个句子。”

以上所谓现代思想的新面貌，就是对于一般原则与无情而不以人意为转移的事实之间的关系发生了强烈的兴趣。世界历史的每一个时代，都有注重实际的人致力于“无情而不以人意为转移的事实”，世界历史的每一个时代，也有富于哲学头脑的人在孜孜不倦地致力于创造普遍原则。对详细事实的这种热烈兴趣，以及对抽象结论的同样倾心就构成了现代世界的新奇观。以往这种现象只是零星出现，似乎完全是出于偶然。但现在这种思想上的发展却变成了有素养的思想家中一种盛极一时的传统习惯。这是使生命甜蜜的糖。大学的主要责任就是要继承这种传统，作为一种文化遗产而广泛传布，使之流传于万世。

在16、17世纪时期使科学远远凌驾于欧洲各种潮流之上的特点之一就是当时的大学。现代科学诞生于欧洲，但它的家却是整个的世界。在最近两个世纪中，西方文化方式曾长期而纷乱地影响亚洲文化。东方的贤哲对自己的文化遗产极其珍视，这是毫不奇怪的。在过去和现在，他们都一直百思莫解，不知道那种控制生命的秘密可以从西方传播到东方，而不会胡乱破坏他们自己十分正确地加以珍视的遗产。事情越来越明显，西方给予东方影响最大的是它的科学和科学观点。这种东西只要有一个有理智的社会，就能从一个国家传播到另一个国家，从一个民族流传到另一个民族。

在这几次讲演中，我不打算讨论科学发现的详细内容。我的主题是现代世界某种思想状况的繁荣发展过程、它的普遍结论，以及它对其他精神力量的影响。阅读历史的方法有两种，一种是从近代回溯到古代，另一种是从古代往近代按顺序推下来。在思想史中这两种方法都是用得着的。用 17 世纪作家一句高明的话来说，要理解一种观点的趋势，便必须考虑它的前因与后果。因此，我在这次讲演中将讨论一下现代观察自然界的方法中的某些前因。

首先，我们如果没有一种本能的信念，相信事物之中存在着一定的秩序，尤其是相信自然界中存在着秩序，那么，现代科学就不可能存在。我用本能这个字眼是很审慎的，人们的行为如果是受着固定本能的控制，口头上无论怎么就是完全没有关系的。口头上的说法也许最后能毁灭本能，但在没有达到这一点之前，它是不起决定性作用的。对于科学思想史说来，这一论点更加重要。因为我们发现自从休谟时代以来，流行的科学哲学一直在否认着科学的合理性。这种结论是以休谟哲学的表面理论为基础的。我们不妨把他的“人类理性研究”第四节中的下面一段为例来作说明：

总之，任何结果和它本身的原因都是截然不同的两回事，因之便无法在原因中找出结果来。在先天观念中首先产生出它或对它形成概念的过程必然完全是武断的。

如果原因本身不能对结果提供任何消息,致使这一概念的产生过程完全变成武断的,那么我们马上可以得出一个结论说:除非科学的意义就是建立完全武断的关联,而且这种关联也完全得不到原因或结果的固有本质的证实,否则科学就不可能存在了。休谟哲学的某些变形在科学家中流传极广。但科学的信念及时地兴起了,而且也悄悄地移开了哲学所造成的这一座大山。

当我们看到科学思想上存在着这种奇怪的矛盾之后,首先就会问:与自成体系的理性的要求完全格格不入的那个信念,它的前提是什么。为了这一点,我们必须追溯一下,确信在每个细节中都可以发现自然秩序的本能信念,根源究竟在哪里。

我们大家当然都具有这种信念,因而便相信产生这种信念的理由是我们理解了其中的真理。但一个普遍观念(如自然秩序的观念)的形成,以及对这一观念的意义的了解和在不同情况下的观察等等,却绝不是这一观念的真理所产生的必然结果。事物在不断地发生着,人们并不关心它。要对十分明显的事物作出分析,就必须具有非凡的天才。因此,我就打算谈谈这种分析经过了哪些阶段才明确起来,最后又是怎样坚定不移地深入了欧洲知识界的心中。

显然,生活中的主要重现事物是极常见的,纵使是最没有理智的人也不能不注意到。甚至于在理性还没有出现以前,它们就已存在于动物的本能上了。从大体上说来,某些自然现象是重复产生的,我们的本性也适应了这些重复现象,这一点是无须多加讨论的。

但跟着而来的一个事实，也是同样显而易见的，那就是：没有任何东西会把一切细节完全重现出来。任何两天或两个冬季都不会完全相同。已成过去的事物是永远消逝了。因此，人类的实用哲学只是预见大体上的重复现象，而把那些细节看成是超越了理性的范围，从神妙莫测的事物深处发出来的。人们可以预期太阳东升，但风却可以随心所欲地刮。

肯定地说，自从希腊古典文明时期以来就有许多人，甚至是许多派的人，不接受这种极端的非理性现象。他们力图把所有的现象都解释成是无微不至的事物秩序所产生的结果。天才人物像亚里士多德、阿基米德和罗吉尔·培根等人必然都具有完全科学的头脑。他们本能地认为事无大小，全都可以看作是支配全部自然秩序的普遍原则的体现。

但直到中古世纪结束以前，一般知识界人物对这种观念还没有十分确切的认识和不厌其详的兴趣，所以不可能不断提供具有相当能力和充分时间的人来共同研究，发现这种假说的原则。那时人们可能是怀疑这些原则的存在，也可能是怀疑能不能找到它们。这些人也许是没有兴趣来思索这些问题，或是在找到之后又看不到它们的实际意义。不管是由于哪种原因，从一个高度发达的文明的大好时机和所经历的漫长时间来看，当时的研究是很消沉的。但到16、17世纪时，为什么步伐又突然加快了呢？中古世纪结束时涌现了一种新思潮。发明刺激了思维，思维又加速了对自然界观察的进展，同时希腊的手稿也显示了古人的发现。虽然直到1500年欧洲方面所知道的东西还没有纪元前212年去世的阿基米德那么多,但到 1700 年的时候,牛顿完成了巨著“自然科学的数学原理”,整个世界也就因之进入了崭新的现代。

在某些伟大的文明中,科学事业所需要的奇特的心理均衡只是偶尔出现,而且产生的效果极微。例如,我们对中国的艺术、文学和人生哲学知道得愈多,就会愈加羡慕这个文化所达到的高度。几千年来,中国不断出现聪明好学的人,毕生献身于学术研究。从文明的历史和影响的广泛看来,中国的文明是世界上自古以来最伟大的文明。中国人就个人的情况来说,从事研究的禀赋是无可置疑的,然而中国的科学毕竟是微不足道的。如果中国如此任其自生自灭的话,我们没有任何理由认为它能在科学上取得任何成就。印度的情形也是这样。同时,如果波斯人奴役了希腊的话,我们就没有充分理由可以相信科学会在欧洲繁荣起来。罗马人在这方面并没有表现什么创造性。纵使就已然的情形来说,希腊人虽然掀起了这个运动,但却没有用现代欧洲所表现的那种热情来支持这个运动。我们说的并不是大西洋两岸最近几代的欧洲人民,而是指宗教改革时期范围较小的欧洲而言。那时欧洲的人民都沉浸在战争和宗教的纷争里。我们不妨看看地中海东岸从西西里到西亚细亚这一个区域,在阿基米德死后(纪元前 212 年)到鞑靼入侵这 1400 年中的情形。那儿曾发生过多次的战争、革命和宗教变革。但和 16、17 世纪整个欧洲的战争比起来情形坏不了多少。那儿也有一个伟大而繁荣的文明。其中夹杂着异教的、基督教的和伊斯兰教的成分。在那一个时期里,科学上也增添了不少的东西。但整个地看来,进展还是迟缓而迂回曲折的。除开数学一项以外,文艺复兴时期的人还得从阿基米德已经达到的地步开始。在医学

和天文学方面已经有了若干进步,但整个的进展情况和17世纪那种令人惊讶的成就比起来还是微不足道的。我们不妨把1560年伽利略和凯普勒即将出生之前到1700年牛顿鼎盛时期止这一段时间中所产生的科学进步,和上述刚好长了十倍的古代的进步相比较,事情就不言而喻了。

不过,希腊终归是欧洲的母亲。要找到现代观念的源头就必须看看希腊的情形。我们都知道,地中海东岸曾经有一个非常兴盛的爱奥尼亚哲学学派,他们对有关自然的理论深感兴趣,他们的观念经过天才的柏拉图和亚里士多德加以丰富之后一直流传到今天,但这一学派并没有达到完整的科学思想的境地,只有亚里士多德是一个极大的例外。从某些方面说来,这倒更好。希腊的天才人物是富于哲学性的,思路也是明晰的,并且长于逻辑。这一派人物主要是提出哲学问题。他们问:自然的始基是什么呢?是火、是土还是水?抑或是其中两种或三种的结合?它会不会是单纯的一种流变,而不能化为任何静止的物质呢?这派人对数学也很感兴趣。他们创立了数学的一般原理,分析了前提,并且严格遵照着演绎推理的方式,而在定理方面得出了重要的发现。他们的头脑里充满了一种酷爱一般原则的热忱。他们要求得到清晰而大胆的观念,并且用严格的推理方法把这些观念加以推演。所有这一切都极高超而富于天才,这是一种观念上的准备工作,但却不是我们所理解的科学。那时仔细观察的耐心还远没有占主要地位。归纳法的综合过程,在得出结果之前在思想上常常有一种混乱的悬空状态,这对他们的天才是完全不相宜的。他们都是明智的思想家和大胆的推理家。

其中当然也有例外。他俩的最高代表人物——亚里士多德和阿基米德等人恰恰就是例外。同时也有许多天文学家曾经进行了不倦的观察,对星象方面曾有简洁的数学推论,并且有过一种幻想,认为天上有一小群可以数计的行星逃逸了。

每一种哲学都受着一种无形的思想背景所濡染。这种背景在该哲学的思想过程中从不显现出来。希腊人对自然的看法(至少是他们流传到后世的宇宙观)本质上是戏剧性的。但这并不是说他们这样的看法就一定错了,而只是说,他们的看法确实是极端富于戏剧性的。因此,他们认为宇宙的结构方式就像一出戏剧中的情节那样,完全是为了体现出一般观念都归结到一个目的。自然被分化了,为的是给每一件东西安排一个适当的归宿。宇宙有一个中心,是重物体运动的目的。还有一个天穹,是本性引体向上的物体运动的目的。天穹属于无知觉和不能繁殖的物体,下界则属于有知觉和可繁殖的物体。自然是一场戏,每件东西都在扮演自己的角色。

我并不是说,亚里士多德可以不作重大的保留就能同意这一看法。事实上他所要保留的意见大致上就是我们所保留的意见。然而希腊后来的思想体系从亚里士多德的学说中抽绎出来而留传中古世纪的却正是这一看法。这种关于自然的幻想结构把历史精神窒息了。因为既然只有“目的”能说明问题,那么我们何必去追究它的本源呢?宗教改革和科学运动形成了历史性革命的两个方面,这一历史性革命就是文艺复兴后期的主要思潮。换句话说,这一思潮中包含着两个方面,一个是复溯基督教之源,另一个是弗兰西斯·培根主张动力因而反对目的因。也正是由于这个缘故,伽利略才和他的对手不知不觉地陷于一种无法解脱的矛盾之中。这一点在他的“关于两大世界体系的对话”中可以看得很清楚。

伽利略所谈的一直是事物是如何发生的，而他的对手则有一套完整的理论说明事物为什么发生。令人遗憾的是这两个理论所得的结论并不相同。伽利略坚持“无情而不以人意为转移的事实”，但他的对手辛普利歇斯则提出另一套至少在他本人看来是很充分的理由。如果我们把这次历史性革命看成一次提倡理性的革命那就完全错了。事实正好相反，这是一次十足的反理性运动。这是回到玄思神秘事物上去的运动。这个运动是从中世纪思想的僵硬理性上倒缩回来的结果。我这个说法只是总结了老派人物本身的结论。例如我们在保罗·萨比神甫的：“特里腾宗教会议史”第 4 章中就可以看到，1551 年主持会议的教皇特使曾下令：

“所有神职人员的观点都必须符合于《圣经》、使徒传统、正式批准的神圣宗教会议、教会法典和圣师的权威著作。他们必须简洁自处，避免浮华而无益的问题和乖僻的争论……，这一命令使意大利的神职人员感到不快，认为这是一种新方法，这是谴责经院神学，因为经院神学遇到困难时总是运用理智的。同时，（根据这条法令）连圣·托马斯·阿奎那斯和圣·文都拉等名人的行为也都不合法了。”

这些意大利神职人员，这样坚持已经过时的无限制的理性主义是使人无法不表同情的。他们被人们抛弃了。新教徒坚决反对他们，教皇也不支持他们，宗教会议上的主教们甚至不能理解他们。在上述引文的后面不远就有这样一段话：“虽然很多人（对这法令）提出意见，但却没有起什么作用，因为神甫们（主教们）一般都希望听到人家说出能听得懂的话，而不希望像在‘复议’和其他已经讨论过的问题中一样，听到深奥难懂的话。”

可怜的中古主义者来得太迟了！当他们运用理性的时候，甚至连他们那一时代的统治集团的人物都听不懂。将来要经过许多世纪，顽强的事实才会被理智驯化，那时钟摆也缓慢而沉重地摆到运用历史方法的那一极端去了。

在这些意大利神职人员写下上述史籍之后43年，理查·胡克在他那本著名的“教会法”中对他的清教徒对手也提出了同样的抱怨[①]。胡克思想平稳，所以人们便称之为“公平的胡克”。他提出这种看法时所用的文体极其松懈繁冗，极不易总结为一个简短而集中的问题。但他在上述一节中，指斥他的对手时曾用到：“他们对理智的污蔑”一语。同时还明确地提到“最伟大的经院神学家”来支持自己的说法，我认为他们指的是托马斯·阿奎那斯。

胡克的“教会法”是在萨比的“特里腾宗教会议史”之前不久出版的。因此，两本书是各自独立写成的。但不论是1551年的意大利神职人员，还是16世纪末的胡克，都证明了那一世纪反理性的思潮。在这一方面他们把烦琐学派的时代和自己的时代对立起来了。

这一反作用对中古世纪漫无限制的理性主义说来，无疑是一种非常必要的纠正。但一般反作用都是走极端的。因之，它所起的反应虽然有一个效果是产生了现代科学。但我们还要记住，科学也因此而承袭了这一源流的偏执思想。

① 参看该书第3章，第8节。——原注

希腊戏剧作品通过各种形式在许多方面对中古思想发生了间接影响。今天所存在的科学思想的始祖是古雅典的伟大悲剧家埃斯库罗斯、索福克勒斯和欧里庇得斯等人。他们认为命运是冷酷无情的，驱使着悲剧性事件不可逃避地发生。这正是科学所持的观点。希腊悲剧中的命运，成了现代思想中的自然秩序。他们倾注精力于特殊的英雄的事迹上，并把它当作命运的业绩的证明和个别实例。在我们这一时代里，这一点表现为致力于决定性事件的实验上。有一次我很幸运地参加了在伦敦召开的皇家学会会议，会上我听到英国皇家天文观察员宣布著名的日食照片已经由他在格林威治的一个同事测量出来，结果证明爱因斯坦主张光线经过太阳附近时将发生弯曲的预言是正确的。当时那种兴高采烈的情绪完全是希腊戏剧式的气氛。我们都异口同声地称颂着这一卓越事件在发展过程中所显示的命运的律令。当时每一个情景都具有戏剧性。传统的仪式和后面挂的牛顿画像都提醒我们，伟大的科学结论在两个多世纪以后的今天得到了第一次的修正。从个别的人说来，兴致也很浓，因为一次思想上的大冒险终于安全地到达了彼岸。

我要提醒一句，悲剧的本质并不是不幸，而是事物无情活动的严肃性。但这种命运的必然性，只有通过人生中真实的不幸遭遇才能说明。因为只有通过这些剧情才能说明逃避是无用的。这种无情的必然性充满了科学的思想。物理的定律就等于人生命运的律令。

希腊戏剧中的人生活动的秩序这一概念，绝不是戏剧家本身发现的。这一定是当时一般严肃的观点传播到文学传统中来的结果。但在得到这个有力的表现形式之后，它又转过来加深了本身发源的那一个思潮。人生活动的秩序的景象深深地印在古典文明的思潮之中了。

后来那个伟大的社会崩溃了，欧洲进入了中古世纪。希腊文学的直接影响消逝了，但人生活动的秩序和自然秩序的观念却受到斯多葛派哲学的崇奉。例如勒启在他那部“欧洲伦理思想史”中就说：“塞涅卡认为神规定了一条毫不容情的命运法则，一切事物都有了规定，但神本身也服从着这条法则。”斯多葛派人物影响中古世纪思想最深的一面还是罗马法散布于各地的秩序观念。我们不妨再引勒启的一段话来说明一下，他说：“罗马的立法从两方面说来都是哲学的产儿。首先，它是根据哲学的模式制定的，因为它并不光是适应社会实际需要的经验系统，而是首先确定了许多关于权利的抽象原则，然后再力求符合于这些原则。其次，这些原则又都是直接从斯多葛派哲学中搬用的。”罗马帝国崩溃后，欧洲大片大片的区域实际上都陷入了无政府状态。但法律秩序的观念却仍然存在于帝国人民的民族传统之中。同时西方教会中也经常生动地体现了帝国法治的传统。

必须注意的是，中世纪文化上的这种传统的烙印，并不是应贯穿在行为中的某几个聪明的格言，而是一个明确规定的系统观念。这个系统为一个社会机体的详细结构，以及为周密的行动方式规定了法律义务。这里面没有任何东西是含糊的。这并不是一些令人羡慕的格言，而是一些将事物放置并保持在适当位置上的确定程序。中古世纪在规律的见解方面为西欧的知识形成了一个很长的训练时期。当时也许缺乏一些实践。但这观念在任何时候都没有被冲淡。这个时期十分明显地是一个有秩序的思想的时期，完全是理性主义的时期。正因为当时存在着无政府状态，所以才加速了一个完整体系的观念的形成，就好像现代欧洲的无政府状态刺激了“国联”这一明智观念的产生一样。

对于科学说来，除开事务秩序的一般观念以外，还要一些其他的东西。我们只要稍微提一句，就能说明经院逻辑与经院神学长期统治的结果如何把严格肯定的思想习惯深深地种在欧洲人的心中了。这种习惯在经院哲学被否定以后仍然一直流传下来。这就是寻求严格的论点，并在找到之后坚持这种论点的可贵习惯。伽利略得益于亚里士多德的地方比我们在他那部“关于两大世界体系的对话”中所看到的要多一些。他那条理清晰和分析入微的头脑便是从亚里士多德那里学来的。

说到这里，我认为我仍然没有把中世纪思想对科学运动的形成所提供的巨大贡献说出来。我所说的是一种坚定不移的信念，它认为每一细微的事物都可以用完全肯定的方式和它的前提联系起来，并且联系的方式也体现了一般原则。没有这个信念，科学家的惊人的工作就完全没有希望了。这个本能信念活生生地存在于推动进行各种研究的想象力之中，它说：有一个秘密存在，而且这个秘密是可以揭穿的。这个信念又怎么会这样明晰地印在欧洲人心中的呢？

我们把欧洲思想的这种倾向，和任其自生自灭的其他文化状况比较一下，就可以看出它只有一个来源，即：中世纪对神的理性的坚定信念。这种理性被看成是兼具耶和华本身的神力和希腊哲学家的理性。每一种细微的事物都受着神视的监督并被置于一种秩序之中。研究自然的结果只能证实对理性的信念。但请记住：我说的不是少数个别人物公开表示的信念，而是欧洲人心中由于好几百年没有受到诘难的信念而产生的印象。这种信念是一种本能的思想风尚，而不仅是信条的文字。

亚洲方面，关于神的观念不是太武断就是离人性太远。因之，这种观念便无法对于思想的本能习惯发生多大影响。他们认为，任何固定的事物都是由于一个非理性的专制神明发出命令而产生的，要不然便是从一种超人性的和不可思议的事物根源中来的。他们不曾有过像我们这样的信念，认为近乎人性的神具有可以为人理解的理性。我并不是说欧洲人相信自然可以穷究这一点在逻辑上已经得到了证明，这个问题甚至在我们自己的神学中也没有办到。我唯一的目标就是要理解这问题是怎样产生的。我的解释是：在现代科学理论还没有发展以前人们就相信科学可能成立的信念是不知不觉地从中世纪神学中导引出来的。

但科学并不仅仅是本能信念的产物，它还需要对生活中的简单事物本身具有积极的兴趣。

“为事物本身”这一点很重要。中世纪的前期是一个象征主义的时期。它是观念丰富多彩的时代，也是技术的原始时代。那时跟自然打交道的事情很少，只限于在自然界中挣得一个艰苦的生活。但那时的哲学和神学等都具有等待开发的思想园地。原始的艺术可以把充满在思想家脑子里的观念加以象征化。中世纪前期的艺术具有一种无与伦比的、扣人心弦的迷人之处。它的使命超越了艺术自身为达成审美目的而存在的范围，成了深藏在自然界内部的事物的象征。这样便增强了它的内在品质。在这个象征主义的时期，中世纪艺术以自然为媒介而繁荣起来，但它却是倾向另一世界的。

中世纪前期的环境和科学思想所需要的气氛是截然不同的。为了理解两者之间的对照，我们不妨把意大利第 6 世纪的情形和 16 世纪比较一下。在这两个世纪中，意大利的天才人物都在为新时代奠基。第 6 世纪之前的 3 个世纪，虽然基督教的勃兴带来了对未来的希望，但却仍然暴露了文化衰落的气象。每一个世纪都丧失了一些东西。当我们阅读到当时的史籍时，心中总是出现了一个阴影，担忧野蛮时代又会来临。当时也有一些伟大的人物，他们的行为思想都极高超。但他们仅能做到暂时抑制普遍衰落的趋势。到第 6 世纪时，意大利的形势可以说是达到最低潮。但那一个世纪中的每一行动，都在为新欧洲文化的蓬勃高涨奠定基础。查士丁尼统治下的拜占庭帝国从三方面决定了西欧中世纪前期的背景的性质。首先，它的军队在贝利萨留斯和纳西斯的领导下把统治意大利的哥德人赶出去了。这样就起了一种清宫除道的作用，使古代的意大利天才可以创立许多组织，成为日后文化活动中的观念的卫护者。毫无疑问，我们是同情哥德人的。但教皇统治西欧一千年的意义，却比我们从意大利统治严密的哥德王国中所能得到的好处不知要大多少倍，这一点是毫无疑义的。

其次，罗马法典的制定树立了法治的观念。欧洲往后几个世纪的社会观念都受这个观念的支配。法律一方面是政府的工具，同时也是约束政府的条件。教会法典和国家的世俗法律对欧洲的发展起了很大影响，这都是查士丁尼时代的法律家的丰功伟绩。他们在西方人的心目中树立了一个观念，即政府应当行法也应当守法。它本身应当显示出一种根据理性来调节的组织系统。第 6 世纪的意大利首先显示出这些观念是如何在与拜占庭帝国接触的过程形成的。

第三，在非政治的艺术与学术中，君士坦丁堡也为已得的成就树立了一个典范。这一方面是人们有直接模仿这种典范的动力，另一方面，有些人仅仅是由于知道有这么一个东西存在而产生了许多间接灵感，这两种因素使这种典范对西欧的文化不断起了刺激作用。拜占庭在中世纪初期思想中所起的作用正和埃及在希腊人早期思想中所起作用相同。这两种思想中的实际知识的分量可能刚好适合接受者的要求。他们所知道的东西刚好够他们了解一种可以达到的标准，但又不至于多到受传统刻板思想方法束缚的程度。因此，在这两种情形之下，人们都能按照自己的意愿前进，而且效果极好。谈到欧洲科学思想的兴起，任何人都不能不提到拜占庭文化在背景上所起的影响。第 6 世纪时，拜占庭和西方的关系曾经有过一种危机。这危机可以和希腊文学在 15、16 世纪中对欧洲思想的影响对照起来看。意大利在 6 世纪时有两个为未来的时代奠定基础的杰出人物，一个是圣·本笃另一个是大格黎哥里。提到他们，我们马上就可以看出希腊曾经达成过的科学思想方法，是怎样又完全陷于衰败之中。那时科学的温度可以说是零度。但格黎哥里和圣·本笃一生的工作对欧洲的重建作出了贡献，他使这次重新建设起来的科学思想比古代效果更为卓越。希腊人过于偏重理论。对他们说来，科学仅是哲学的衍生物，格黎哥里和圣·本笃都是重实际的人，重视平凡事物的意义。他们把这种实际的精神和自己的宗教与文化活动联系起来。尤其是由于有

了圣·本笃，当时的隐修院才成了实际农艺家、艺术家、圣哲与学者的家园。多亏早期本笃会员有实际精神，科学与技术才能结合起来，学术也就因之和无情而不以人意为转移的事实建立了联系。现代科学导源于希腊，同时也导源于罗马。现代科学和实际世界保持密切联系，因而在思想上增加了动力，这一点就是从罗马这一派源流得来的。

但隐修院和自然界实际联系的影响首先还是表现于艺术方面。中世纪后期自然主义兴起之后，科学发展所必需的最后一种成分也就深入了欧洲的人心。这就是对自然界物体与事态本身发生了兴趣。某一地区天然的树叶曾被雕刻在一个偏僻地点的后期建筑上，其目的只在于表示对这些常见的物体所发生的兴趣。各种艺术整个的气氛都反映出对周围事物的理解所产生的一种直接的喜悦。中世纪晚期装饰雕刻的艺人以及几奥图、华滋华斯、华尔特·惠特曼、新英格兰现代诗人罗伯脱·弗罗斯脱等人在这方面彼此都很相近。可以直接见到的朴素事实，一方面是引人注意的主题，但另一方面，它在科学思想之中就变成了“无情而不以人意为转移的事实”。

欧洲人的心理那时已经准备好了一次思想上的新冒险。科学兴起的过程中有许多偶然因素是无须细谈的，诸如财富和闲暇时间的增加、大学的扩展、印刷术的发明、君士坦丁堡的陷落、哥白尼、瓦斯哥·达·珈玛·哥伦布、望远镜等等都属于这一类。只要有适当的土壤、种子和气候，树林就可以生长起来。在后来的文艺复兴这一历史性的革命中，科学并没有把它的源流在它身上留下的烙印去掉。这一遗留下来的烙印主要成了一个以天真的信念为基础的反理性运动。科学所缺少的推理能力从数学方面借来了，这是希腊理性主义的遗迹，它所根据的是演绎法。因之，科学便否定了哲学。换句话说，科学从来不为自己的信念找根据，或解释自身的意义，对于休谟所提出的驳斥也完全置之不理。

当然，这个历史性的革命是完全有理由的。当时需要这种革命。不仅仅是需要，而且在一个正常的发展过程中这是必不可少的。世界需要对无情而不以人意为转移的事实作几个世纪的观察。一个人要同时做好几件事情是不容易的，但在中世纪的理性主义狂热之后人们却必须这样做。这是一个极为明智的反作用，但却不是维护理性的运动。

故意躲避走向知识之途的人，是难免于天罚的。克伦威尔的呼声响彻了几个世纪："同胞们，我以上帝的名义请求你想想自己可能错了。"

科学的进展现在已经到了一个转折点。物理学的坚实基础被摧毁了。而生理学则第一次站起来成为一个能起作用的知识体系，它不再是一堆支离破碎的东西了。科学思想的旧基础已经无法为人所理解。时间、空间、物质、质料、以太、电、机械、机体、形态、结构、模式、功用等等都需要重新加以解释。如果不理解机械是什么，而侈谈机械论的解释又有什么意义呢？

实际的情形是这样，现代的科学事业开始时，继承了亚里士多德派哲学学说中的最薄弱方面的许多观念。从某些方面说来，这选择是很不错的。它使 17 世纪的物理和化学知识能用一种完整的方式表达出来。这种完整性一直到现在还保存着。但生物学和心理学的进展可能由于不加批判地采用了许多半瓶醋的真理而遇到了障碍。如果科学不愿退化成一堆杂乱无章的特殊假说的话，就必须以哲学为基础，必须对自身的基础进行彻底的批判。

在这一系统讲演的下几次讲话中，我将追叙一下欧洲思想在近三世纪以来所持宇宙观中某些特殊观念的成败。在一般情况下，观念总是能支持两、三世代，也就是能支持 60 至 100 年的时间。但也有些寿命较短的思想浪花，只在主流的表面上昙花一现就消逝了。因此，我们将发现欧洲某些方面的面貌变革缓慢地影响了往后的几个世纪。然而在整个历史时期中，某种固定的科学宇宙观却始终存在着，这种宇宙观事先就假定有一种不以人意为转移的和不能为人所知的物质存在。这种物质也可以说是一种外形的流变下充满空间的质料。这种质料本身并没有知觉、价值或目的。它所表现的一切就是它所表现的一切，它根据外界关系加给它的固定规则来行动，这种规则并不是从它本身其所以能存在的性质中产生出来的。我所谓的“科学唯物论”就是这种假说。但我也将对这一假说提出诘难，我认为它完全不适合于我们现阶段的科学状况。但若加以适当解释，这种假说倒还不错。如果我们脱离产生事物的全部环境，只限于讨论某些类型的事物，那么唯物论的假说就能完满地表达这些事物。但如果我们把感官运用得更细致一些，或是由于要求理解思维的意义与连续性，而超出了上述抽象结论的范围时，这种理论体系马上就垮台了。正是由于这理论体系的有效范围很狭窄，它只把注意力导向几类在当时的知识状况下需要加以观察的事实，因此便在方法论上获得了极高的成就。

这种理论体系的确立对于欧洲许多思想潮流是不利的。这次

历史性的革命是反理性主义的革命，因为烦琐学派的理性主义在接触到不可认识的事实时必须作出明显的修正。但笛卡儿和他的继承者在恢复哲学时却只根据表面意义接受了那种科学宇宙观，因而在发展过程中完全带着这种色彩。他们的根本观念后来还是获得了成功，因而使科学家有理由拒绝把这些观念当成理性探讨的结果来加以修正。当时任何哲学都不得不在某种方式之下把它们全盘接受下来。同时，科学上的例证也在其他的思想领域中发生了影响。因此，这次历史性的革命就被过分夸大了，以致把哲学在协调方法论的各种抽象结论方面可能起的作用都排斥掉了。思维本是抽象的东西，而理智对抽象思维的偏执运用却是它本身最大的缺陷。这一缺陷在回到具体经验去时也并没有完全得到纠正。因为人们所要注意的具体经验只限于某种有限的范围。有两种方法可以澄清这些概念，一种是运用身体的感官作冷静的观察。但观察是具有选择性的。因此，用观察法时，如果某种抽象方式能在很广的范围内获得成功，我们就很难超脱它。另一种方法是把各种稳固地建立在经验的基础之上的抽象方式加以比较。这种比较法的形式可以满足保罗·萨比所提到的意大利经院派神职人员的要求。他要求运用理性。理性的信念就是相信事物的终极本质是聚集于一种没有任何武断情形的谐和状态中。也就是相信我们在事物的后面所找到的将不仅是一堆武断的神秘物。对自然秩序的信念使科学得以成长起来，但这只是一种深刻信念中的一个特殊例子。这种信念不能用归纳的概括加以证明，它是当我们对自身的现存直接经验中所显示的事物本质作直接观察时产生出来的。这种信念和我们是血肉相连的。体验这一信念时就会发现以下几点：(1)我们作为自身而存在的时候不仅是我们自身而已，(2)我们的经验虽然不明确和零碎，但却说明了现实最奥妙的深处，(3)事物的细节仅只是为了要恢复它们的本来面目就必须放在整个事物的系统中一起观察，(4)这种事物体系包含着逻辑理性的谐和与审美学成就的谐和，(5)逻辑谐和在宇宙中是作为一种无可变易的必然性而存在的，但审美的谐和则在宇宙间作为一种生动的理想而存在着，并把宇宙走向更细腻、更微妙的事物所经历的残缺过程融合起来。

第二章　作为思想史要素之一的数学

纯粹数学这门科学在近代的发展可以说是人类性灵最富于创造性的产物。另外还有一个可以和它争这一席地位的就是音乐。一切争雄问题我们都可以略而不谈，而要考察一下我们有什么理由承认数学应占有这个地位。数学的创造性就在于事物在这一门科学中显示出一种关系，这种关系不通过人类理性的作用，便极不容易看出来。因此，所有能够直接从感官感觉中得到的概念，除开现存数学知识所引起和引导的知觉以外，其余的都和当代数学家心中所存在的概念风马牛不相及。

我们不妨回溯到几千年以前，看看当时的人甚至连最伟大的贤哲的脑筋都是多么简单。某些抽象概念在我们看来也许一眼就能看清，但他们却认为只能作大概的理解。就拿数字来当例子吧。我们认为“5”这个数字可以应用到任何适当的一群实念上去，如5条鱼、5个小孩、5个苹果、5天等。因此，在考虑数字“5”与数字“3”的关系时，我们所想的便是两群东西，一群有5个个体，另一群有3个个体。我们绝不会去考虑组成两群的任何个别的实有，甚至也不会去考虑其中的某一类实有。我们所考虑的两群之间的关系与两群中任何个体本身的本质完全无关。这便是抽象推理中非常显著的功绩。人类要达到这一步必然花去了不少的岁月。在漫长的时间中，一堆堆的鱼必须互相比出一个多少，一段一段的日子也要作出一个比较。但首先注意到 7 条鱼和 7 天之间的共同点的人必然使思想史进了一大步。他是第一个具有纯数学观念的人。当时他一定还不可能看出有待发现的抽象数学观念的复杂性与微妙性，也一定料想不到这些观念会在往后的每一个世纪中发生广泛的吸引力。学术界有一个错误的传统，认为对数学的爱好是一种怪癖，每一个时代只有少数的怪人才有这种怪癖。情形尽管是这样，但抽象思维在古代的社会里是找不到类似例子的。因此，从这里面所能得到的乐趣也是难以估计的。第三，数学知识对人类的生活、日常事务、传统思想以及整个的社会组织等等都将发生巨大的影响，这一点更是完全出乎早期思想家的意料之外了。甚至一直到现在，数学作为思想史中的一个要素来说，实际上应占什么地位，人们的理解也还是摇摆不定的。假如有人说：编著一部思想史而不深刻研究每一个时代的数学概念，就等于是在"哈姆雷特"这一剧本中去掉了哈姆雷特这一角色。这种说法也许太过分了，我不愿说得这样过火。但这样做却肯定地等于是把奥菲莉这一角色去掉了。这个比喻是非常确切的。奥菲莉对整个剧情来说，是非常重要的，她非常迷人，同时又有一点疯疯癫癫。我们不妨认为数学的研究是人类性灵的一种神圣的疯癫，是对咄咄逼人的世事的一种逃避。

当我们想到数学时，心里便出现一种专门探讨数、量、几何等等的科学。近代数学还包括许多更抽象的序数概念以及纯逻辑关系的类似形式的研究等等。数学的特点是：我们在这里面可以完全摆脱特殊事例，甚至可以摆脱任何一类特殊的实有。因此并没有只能应用于鱼、石头或颜色的数学真理。当你研究纯数学时，你便处在完全、绝对的抽象领域里。你所说的一切不过是，理性坚信任何实有如果具有能满足某某纯抽象条件的关系，就必然也具有能满足另一件纯抽象条件的关系。

数学被认为是在完全抽象的领域里活动的科学，它和自身所研究的任何特殊事例都脱离了关系。这种数学观还不太明确，所以我们可以相信，一直到现在这种看法还不能为一般人所了解。举个例来说，一般人在习惯上都认为我们对实际宇宙空间的几何知识的肯定性所根据的理由就是数学的肯定性。这一幻觉在过去曾引起过许多哲学思维，到现在也仍然能引起一些哲学思维。几何问题是一个相当重要的测验。对于许多群未定的实有说来，有好几套不同的纯抽象条件都可以成为这些群之间的关系。我把这些条件称为几何条件。我们在自身对于自然界的直接感觉中可以观察到事物之间具有某种几何关系。上述的抽象条件中有某些条件被认为是可以适用这种特殊几何关系的。而其他各种抽象条件一般说来又都类似这种条件，因此我便通称之为几何条件。但我们这种观察还不够准确。所以关于我们在自然界中所见到的事物，究竟受着什么样的条件控制，也知道得不够确切。但我们只要把假说稍微引申一下，就能使这些被观察到的条件符合某一套完全抽象的几何条件。这类未定实有原先在抽象科学中本只是一些单纯的叙述。但这样一来，我们就对它作出了某种特殊的决定。在关于几何关系的纯数学中，如果任何一群实有在本群各单位之间所具有的任何关系能满足某一套抽象的几何条件，则某种性质的附加抽象条件一定也能符合这种关系。但当我们讨论物理空间

时，便会说某群被确定地观察到的物理实有在本群各实有之间具有某种被确定地观察到的关系，这种关系能满足上述的一套抽象几何条件。因此我们就作出结论说：如果某种附加关系被认定能符合任何这类情形，就一定能符合这一特殊情形。

数学的肯定性建筑在它完全抽象的一般性上。我们相信实际世界中被观察到的实有能成为我们普遍推理过程中的一个特殊事例，但我们并没有先天的肯定性可以认为这种信念是对的。不妨再举一个算术中的例子来看：纯数学中有一条普遍的抽象真理，认为任何包含40个实有的一群可以分为包含20个实有的两群。因此我们便有根据认为，如果某堆苹果包含40个个体，便可以分成两堆，每堆中包含20个个体。但我们把40个那一堆数错的可能是常有的，所以实际上分的时候就可能有一堆多一个，另一堆少一个。

因此，当我们评述一种理论时，如果它的基础是把数学应用在特殊的实际事例上，我们心中便应当把以下三种过程完全记清楚。首先我们必须细细地检查一下纯数学的推理，验明它没有漏洞，没有因为偶然疏忽而产生的不合逻辑的地方。任何数学家都能从本身痛苦的经验中认识到，开始拟定一系列推理过程时很容易发生一点极微小的错误，后来却因此而差之毫厘，谬以千里。但当一种数学推论已经检验过，并且在专家们之前考验过一个时期之后，偶然的错误是不大可能发生的。接着，第二个过程是，确实肯定一下，这个推论所预先假定的抽象条件是否可以成立。这就是把数学推论开始的抽象前提确定一下。这一过程是相当困难的。以往曾经发生过极其显然的疏忽，而且这些竟被许多最伟大的数学家历代相沿地接受下来了。这里面最大的危险就是疏忽；也就是说，在不知不觉之间引入某些我们认为自然应当事先设定的条件，然而事实上这些条件却不一定都能成立。在这一方面还存在着一个相反的疏忽，这种疏忽倒不会造成错误，只是会使推理复杂化。也就是说，必要的假设条件很容易被估计得多于实际的要求。换句话说，我们可能认为某些抽象的假设是必要的，但实际上却可以从其他已有的假设上证明出来。抽象的假设提得过多，唯一的效果就是使我们在数学推理中减少审美方面的乐趣，并且会给第三个评述过程造成麻烦。

第三个评述过程是验证我们的抽象假设在当前的特殊事例中是否能成立。一切的麻烦都是从这个验证特殊事例的过程中产生的。在数 40 个苹果这种简单的事例中，只要稍加留心就可以在实际上达到肯定的程度。但一般说来，在十分复杂的事例上就不可能达到完全肯定的程度。为这一问题而写的书籍简直是汗牛充栋。但这是对立的哲学家交锋的战场。这里面牵涉到两个不同的问题。一方面是我们已经观察到了某些确定的东西，同时我们又要确实弄明白这些东西之间的关系的确服从于某些固定的严格抽象条件。这儿发生错误的可能性就非常大了。一切严格的科学观察法都只是一些措施，为的是减少这些关于直接事实的错误。但这儿又产生了另一个问题：被直接观察到的事物几乎永远只是一些例子。我们所要作的结论是：某些抽象条件如果在例证中能成立，那么在其他一切由于某种理由而被认为是属于同一类型的实有中也都能成立。这种由例证而推论及全体的推理过程就叫归纳法。归纳法的理论是哲学上无法处理的东西，然而我们的一切行为又都以这种理论为基础。总而言之，当我们评述一件特殊实际事物的数学结论时，真正的困难在于找出被牵涉到的抽象假设，并对它能否适用于当前的特殊事例的证据加以估价。

因此，我们常常看到，在评述一部造诣极深的应用数学书籍或一篇论文时，一切的麻烦就在于第一章上，甚至于就在第一页上。因为正是在这个刚一开始的地方，作者很可能在假设上有失误。同时，麻烦还不在于作者说了一些什么，而在于他没有说的是什么；不在于他明确了的假设，而在于他不知不觉地作出的假设。我们并不怀疑作者的诚实，这里所批评的是他自作聪明的地方。每一代人都批评上一代所作的非意识的假设。人们也可能同意这种假设，但却不能让它停留在非意识阶段，而要把它揭示出来。

语言发展史可以说明这一问题。这种历史是观念分析不断进展的历史。拉丁文和希腊文都是有字尾变化的语言。这就是说，他们表达一丛未加分析的观念时只要把字尾变一下格就行了。但拿英文来说，我们便要用前置词和助动词来表明整个的意义。把辅助的意义硬塞进主要的词句中去虽不见得对所有的文学体裁都方便，但对某些体裁却可能是一个方便。不过，就表达明了这一方面说来，英语这种语言却是高得不可比拟的。明了程度的加强就是把语句含义中的复杂观念所牵涉的各种抽象概念更完整地表达出来。

拿语言的情形作了一个比较，就可以看出纯数学所达到的思想功能是什么。这是完全走向完整的分析的有效步骤，这样作为的是把单纯的事物和这种事物所体现的纯抽象条件分开来。

这种分析的习惯启发了人类脑筋的每一种功能。它首先通过分离的方法，强调从审美观点出发直接体察经验的内容。这种直接体察是理解经验本身就其固有的特质(包括它的直接实际价值在内)说来，究竟是什么。这是属于直接经验方面的问题，必须依靠精微的感觉。然后便是把有关的特殊实有抽象化的问题，也就是把这些实有和它被了解时所处的特殊经验状况分离开来，从而理解它的本身。最后还要进一步理解这些经验中的实有之间的特殊关系所能满足的绝对普遍条件。这些条件之所以具有普遍性，是因为它们可以不涉及某种特殊经验中所发生的某些特殊关系或特殊状态，单靠本身就能表示出来。这些条件可以适用于牵涉其他实有和其他相互关系的无数事态。因此，这些条件是完全普遍的，因为它们不涉及任何特殊事态或在不同事态下存在的任何特殊实有(如绿、红、树等)，也不牵涉这些实有之间的关系。

然而数学的普遍性却可以划出一个极限，这一限制对所有的普遍叙述都能适用。任何疏远的事态如果和直接的事态没有关系，因而不能形成该直接事态的要素中一个组成部分的话，那么对这种事态除开一种叙述以外就无法提出任何其他叙述了。我们说的直接事态就是把该问题中的个人判断活动当成一个组成部分的事态，而唯一能作出的叙述则是："如果任何东西处于关系之外，则对它将无所知。"这儿所说的"无所知"是指"完全不知道"。因之，不论是在实践中或任何情况下，关于如何看待它或处理它的问题都无法提出意见。我们要知道疏远事态中的一些东西，就必须通过一种认识，这种认识本身就是直接事态的组成部分，否则我们就一无所知。因此，在各种经验下显示出来的全部宇宙，其中的全部细节都和直接事态具有一定的关系。数学的普遍性是最完整的普遍性，它和构成我们的形而上学世界的各种事态都能符合。

还有一点应当注意的是，特殊的实有在进入任何事态时都必须具有这种一般条件。但许多不同类型的实有也许会要求同一种的一般条件。一般条件超越于任何一套特殊实有之上——这就是"变数"这个概念进入数学和数理逻辑的理由。正是由于运用了"变数"的概念，考察一般条件时才可以不要任何特殊实有来说明。特殊实有的这种不相关性并没有为一般人所理解。例如实际经验中的"圆性"、"球形性"、"立体性"等等形态的性质在几何推理中并没有地位。

运用逻辑推理时所涉及的完全是这种绝对普遍的条件从最广泛的意义上来说，发现数学就是发现这些抽象条件的全部情况。它们都可以同样运用于一切实有在任何实际状况下所发生的关系，而且彼此之间用一定的模式互相联系起来，其中还具有一种启开全局的锁钥。普遍抽象条件之间所存在的这种关系模式无分轩轾地存在于所有的外界实有之上。同时也普遍存在于我们对外界实有所作的抽象表达之上。这一情形是通过下一普遍的必然性形成的；即每一事物都必然不多不少正好形成它的自身，并且以它自身特有的方式区别于其他任何事物。这就是抽象逻辑的必然性，而这种必然性就是每一种直接经验事态所显示的关联存在这一事实必然假定的前提。

打开关系模式的锁钥所指的情况是这样：普遍条件中被选定的某一套条件在某一事态下体现后，如果想要求得体现在同一事态下然而又涉及该条件的无限变种的模式，就可以纯粹运用抽象逻辑来推演。任何这类被选定的条件就叫一套假设或前提，推理

就是从这种假设或前提下开始的。如果把这一套选定的假设推演出它的模式来,然后再把这一模式中所包括的普遍条件的全部模式表达出来,便是所说的推理过程了。

推演出假设中所包含的完整模式来的逻辑推理的谐和是一种最普遍的审美性质。这种性质仅是从一个事态的统一体中所包含的协同存在这一事实上产生出来的。只要有事态的统一体存在的地方,该事态所牵涉的普遍条件之间便存在着审美学的关系。这种审美学的关系是在运用理性的时候发现的。所有属于这一关系之内的东西便都在该事态中体现出来,所有不属于这一关系之内的东西便不可能在该事态中体现。因此,像这样体现出来的普遍条件的完整模式便可以由任何一套精选的条件来决定。这类锁钥性的各套假设是由相等的假设组成的。"存在"的这种理性谐和是一个复杂事态的统一体所必需的,这种谐和再加上该事态的逻辑谐和所牵涉的一切完整体现就是形而上学理论的主题。这话的意思就是就:事物在一起存在时都是有理性地在一起存在的。同时也就是说,思想可以认识每一种事实的事态。因此,只要理解了锁钥性的条件,条件模式的全部复杂情况便被打开了。总起来说:如果我们知道了某一事态中各种要素的某些完全普遍的性质,就能知道同一事态下必然会出现的无数其他同样普遍的概念。一种事态的统一性所牵涉的逻辑谐和既是排他的,又是无所不包的。该事态必须排斥一切非谐和的东西而包含一切谐和的东西。

毕达哥拉斯第一个掌握了这一普遍原则的全部意义。他是纪元前 6 世纪的人。我们对他的了解是很不完全的。但我们却知道某些使他成为思想史中的伟大人物的特点。他坚持推理中极终普遍性的重要意义。他看出了数字在帮助人们叙述出自然秩序中所涉及的条件时的重要意义。我们也知道他研究过几何，发现了直角三角形著名定理的普遍证法。他建立了毕达哥拉斯兄弟社，关于该社的仪式和影响还有许多神秘的传说。这些都提供了证据，说明毕达哥拉斯的认识不论怎样模糊，但总是看出了数学在科学构成中可能具有的意义。在哲学方面他开创了一种讨论，这讨论往后一直在激动着思想家的心弦。他问道："数学中的实有像'数'之类的东西在事物领域中究竟应占什么地位呢？"例如"2"这一个数目便是处在时间之流和空间的必然位置以外的东西。然而它却是实际世界所涉及的东西。同样的理由也可以适用于圆形之类的几何概念。据说毕达哥拉斯曾经认为数学的实有如数与形状等是最后的材料，我们的感官经验中的实有都是由这种材料组成的。这样概略说来，这种观念似乎非常粗糙，而且也诚然很笨。但他却讲到了一个相当重要的哲学概念。这个概念具有悠久的历史，曾经激动过人们的心弦，甚至还深入了基督教的神学。阿德纳肖信条[①]和毕达哥拉斯相距有 1000 年之久，黑格尔和毕达哥拉斯则相差有 2400 年之久。不管时间距离有多长，但有限数在神性构成中的意义，以及现实世界是观念发展的体现等说法，都可以追溯到毕达哥拉斯所创始的一系列思想上去。

个别思想家的地位有时是随机遇而转移的。也就是说，必须看他的观念在继承人心中的命运如何而定。在这一方面毕达哥拉

① 亚历山大城主教阿德纳肖所提出的信条，主张三位一体、基督化身和赎罪等。——译注

斯是很幸运的。他的哲学思想通过柏拉图的头脑传授给我们了。柏拉图的观念世界就是修正和提炼毕达哥拉斯的学说而成的。这一学说认为现实世界的基础是数。希腊时代表示数时用的是不同形式的点。因之,数的观念和几何形状的观念便不像我们现在这样离得很远了。无疑,毕达哥拉斯把形状的性质也包括到自己的学说里去了,这是不纯粹的数学实有。现在爱因斯坦和他的继承人都主张重力这一类的物理事实,可以说是时—空性质中局部特征的表现。他们这种学说便是在追随着纯粹的毕达哥拉斯传统。从某种意义来说,柏拉图和毕达哥拉斯比亚里士多德更接近于近代物理科学。前二者都是数学家,而亚里士多德则是一个医生的儿子。当然我不是因此就说他不懂数学了。从毕达哥拉斯那里所能得到的实际见解就是事先度量,然后用数字决定的量来表示质。但从那时起一直到我们这个时代以前这个时期,生物学一直多半只是一种分类的科学。因此,亚里士多德便在他的"逻辑学"中把重点放在分类上。他这部"逻辑学"很享盛名,因而在整个的中古世纪一直阻碍着物理科学的进展。如果烦琐学者实行度量而不专门搞分类的话,他们将要多知道多少东西啊!

分类是可以直接观察的个别实际事物和完全抽象的数学观念之间的中途站。生物分类中的种所注意的只是种的特性,属所注意的是属的特性。但当我们通过数计、度量、几何关系和秩序形态等把数学观念和自然界的事实联系起来,理性的思维便离开了那种牵涉一定的种与属的不完整抽象境界,而进入了完整的数学抽象境域了。分类是必需的,但除非你能从分类走向数学,否则你的推理便不会有多大进展。

从毕达哥拉斯到柏拉图那一段时期和属于现代世界的17世纪这一段时期之间,相隔差不多有两千年之久。在这个漫长的时期中,数学得到了长足的发展。几何在圆锥截面和三角的研究方面获得了成功,穷究法也几乎先声夺人地达成了微积分的研究。最重要的还是亚洲思想家贡献了阿拉伯数字和代数学。但这些进步都是技术方面的。在这些漫长的岁月中,数学作为哲学发展的构成部分来说,从来没有从亚里士多德的掌握中解脱出来。但从毕达哥拉斯与柏拉图那一时代传来的一些老观念,在这两千年中仍然不绝如缕;这些观念从柏拉图学说对基督教神学初期发展的影响中也可以看出来。但哲学并没有从不断发展的数学科学中得到任何新的灵感。到17世纪亚里士多德的影响降到了最低潮,数学也就恢复了往日的重要地位。这是一个伟大物理学家和伟大哲学家的时代,而哲学家和物理学家又都是数学家。唯有约翰·洛克不同,他虽然也曾受到皇家学会中牛顿这一派人物的深刻影响,但却是一个例外。在伽利略、笛卡儿、斯宾诺莎、牛顿和莱布尼茨的时代里,数学对哲学观念的形成发生了极大的影响。但这时脱颖而出的数学是一门和早期的数学完全不同的科学。它开始了几乎难以令人置信的现代事业,它在普遍性上有了进展,推演出了一套又一套的奥妙的理论。而且每增加一分复杂性时,就愈找到了应用于物理科学或哲学思维的新途径。阿拉伯数字在处理数目方面几乎为科学提供了完整的技术效能。像这样从琐屑的算术细节(如纪元前1600年埃及的算术所表现的情形一样)中挣脱出来以后,便使希腊晚期数学模糊地预见到的前途得到了发展。这时代数登上了舞台,代数成了算术的普通理论。正如同数字超脱了任

何一套特殊实念的约束一样，代数也超脱了任何特殊数字的观念。比如说，数字“5”可以无分轩轾地表示任何包含5个实有的群。同样的道理，代数中的字母也可以无分轩轾地用来表示任何数字。只是事先应当规定，在同一用法中每个字母都始终代表同一数字。

这种用法首先是用在方程式中。方程式是用来问复杂的算术问题的方式。在这种场合下，代表数字的字母称为“未知数”。但不久方程式就提出一个新概念，即一个或多个普遍符号的函数。这种符号就是代表任何数字的字母。在这种用法中，代数字母称为函数的“自变数”，有时也称为变数。比方说，在这种情形下，如果以某种单位来测量一个角，并将所得的数字用一个代数字母来代表，于是三角便被吸收到这种新的代数中去了。因此，代数就发展成为一门普遍的分析科学，研究许多未定自变数的各种函数的性质。最后，各种特殊的函数如“三角函数”、“对数函数”和“代数函数”等都综合为一个概念——“任何函数”。太广泛的综合就会毫无结果。唯有用一种巧妙的特殊性来限制广泛的综合，才能成为有效果的概念。例如任何连续函数的概念都引入了连续性有限制的概念，因而便是富于效果的概念，并且已经得到了许多极重要的应用。当时兴起的代数分析正好和笛卡儿发现解析几何以及牛顿与莱布尼茨发现微积分同时。诚然，毕达哥拉斯如果预先看到了他所创始的思绪的结果，一定会认为他的兄弟会和会里所热衷的神秘仪式是完全有理由的。

我现在要说明的一点是：函变数观念在数学的抽象领域中这样流行，反映在自然秩序中便是用数学表达出来的自然规律。要是没有这种数学的进步，17世纪的科学发展便是不可能的。数学为科学家对自然的观察提供了想象力的背景。伽利略、笛卡儿、惠根斯和牛顿等人都创造了许多公式。

如果要举一个特殊的例子来说明数学的抽象发展对当时科学的影响，那么不妨看看周期性这一概念吧。在我们的日常经验中，事物的一般重复现象是很明显的。日子、月相、一年的四季、心跳、呼吸等都重复出现，绕行的星球也重复回到自己的老位置上去。我们在各方面都看到有重复现象发生。没有重复现象就不可能有知识，因为在这种情形下就没有任何东西能根据以往的经验推断出来。同时，没有某些规律性的重复现象，也不可能有度量。当我们获得了这一“精确”观念后，重复现象在我们的经验中便成了基本的东西。

在16、17世纪时，周期性的理论在科学中占了主要地位。开普勒发现了一条定律，可以把各种行星轨道的长轴和各行星循着自己的轨道环行时的周期联系起来；伽利略观察了摆的振动周期；牛顿认为声音是由稀密相间的周期性波动通过空气时所发生的扰动而形成的；惠根斯认为光线是由精微的以太的横振动波而形成的。麦西尼把提琴弦的振动周期和它的密度、张力以及长度联系起来。现代物理的诞生必须依靠周期性的抽象概念在许多实例上的应用。但假若不是数学首先用抽象的方式把环绕着周期性这一概念的各种抽象观念全推演出来了，这事是不可能办到的。三角学刚兴起时是研究直角三角形两锐角跟勾股弦的比率之间的关系。接着，在数学中新发现的函数分析的影响下，又扩大为体现这种比率的纯粹抽象的周期函数的研究。因此三角便完全变成抽象的研究了，而且正是由于变成了抽象的研究，所以就有用处了。它说明了各种完全不同的物理学现象中所潜存着的相同关系。同时也提供了一种武器，使任何一套物理学现象都可以把自身的各种性状加以分析，然后联系起来[①]。

从以往的事实看来，数学往更极端的抽象思维的高超领域上升得愈高，日后再回到下面来时对具体事物的分析就愈加重要，这一点是再清楚不过了。17 世纪的科学史读来，仿佛是柏拉图和毕达哥拉斯一些历历如目前的梦境。从这方面说来，17 世纪仅仅是后继者的开路先锋而已。

最高的抽象思维是控制我们对具体事物的思想的真正武器，这一个似非而是的说法现在已经完全肯定了。由于 17 世纪时数学家盛极一时，18 世起的思想便也是数学性的，尤其是法国的影响占优势的地方更是如此。但英国从洛克开始的经验主义却是一个例外。在法国以外的国家里，牛顿对哲学的直接影响表现在康德身上最为明显，在休谟身上倒并不如此。

19 世纪时，数学的一般影响减弱了。文学上的浪漫主义运动和哲学上的唯心主义运动都不是从数学家开始的。甚至在科学领域里的地质学、动物学和一般生物科学的发展都完全与数学无关。这一世纪科学上最惊人的成就便是达尔文的进化论。因此，按照这个世纪一般的思想状况说来，数学远远地退居到后面去了。这倒不是说数学被忽视了。甚至也不是说数学没有发生影响。19 世纪纯数学的进步几乎等于从毕达哥拉斯以来所有各世纪的总

---

① 关于纯数学的性质与功用的详细情况可参看拙著“数学引论”一书，家庭大学丛书，伦敦威廉与诺格特书店版。——原注

和。当然，由于技术日趋完善，进步是比较快的。我们纵使是承认这一点，但数学从1800年到1900年这一段时期中的变化仍然是惊人的。如果我们把前一百年也数上，看一看现代以前两百年的情形，我们也许会认为数学是在17世纪的最后25年间奠定基础的。发现基本要素的时期可以说是从毕达哥拉斯起一直到笛卡儿、牛顿和莱布尼茨这个时期，但发展成熟的科学则是在最近250年才出现的。这并不是在夸耀近代天才的高超，因为发现基本要素本来比发展科学要困难得多。

在19世纪的整个时期中，数学的影响在于它对动力学和物理学的影响，然后又发展到工程和化学。数学通过这些科学对人生的影响之大是难以估量的。但它对当时的一般思想却没有直接的影响。

上面是数学在全部欧洲历史中的影响的简述，回想一下这一简述就能看出数学曾在两个伟大时代对一般思想发生的直接影响。这两个时代全部大约延续了200年之久。第一个时代是从毕达哥拉斯到柏拉图的时期，那时创立数学的可能性和数学的一般性质破天荒第一次在希腊思想家心中萌芽了。第二个时代包括现代的17、18两个世纪。这两个时代具有某些共同点。在前后两个时代中，与人类有关的许多领域里的一般思想范畴都瓦解了。在毕达哥拉斯时代，一般人不知不觉地接受的异教文化具有美妙的仪式和魔术的法事作为传统的外衣；那时异教文明在两方面影响下进入了一个新的阶段，一方面有许多宗教热忱的浪潮，在为奥妙的事物寻求直接的启示。但在另一个极端上却产生了一种批判的分析思想，以冷静的头脑探究事物的终极意义。这两种影响的结果虽然完全是背道而驰的，但却有一个共同的因素，也就是唤醒了一股好奇心，和一股重建传统方式的运动。这种异教的神秘可以比之于后一时期清教徒和天主教的反作用。在两个世纪中批判的科学思想除了实际意义上略有区别而外，其他的方面是相同的。

两个时代的早期都是繁荣景象兴起，新的前景蓬勃展开的时期，在这一点上和公元第二、三世纪基督教征服罗马帝国世界那种衰落的时代不同。唯有在幸运的时代里，一方面能摆脱环境的压迫，另一方面又具有强烈的好奇心，时代精神才能重新评价那些隐藏在实际概念后面的极终抽象概念。一个时代的严肃思维就是从这些实际概念出发的。唯有在难逢的世纪中才能完成这种事情，从而使数学和哲学发生关系。因为数学是人类头脑所能达到的最完美的抽象境界。

这两个时代的类似之处也不能说得太过火。现代世界比古代地中海沿岸的世界更大而且更复杂。甚至和遣送哥伦布与开辟美洲的清教徒渡过大西洋的欧洲比起来也是如此。我们这个时代已经无法用一个盛行一时然后又搁置上千年的简单公式来解释了。因此，从卢梭以来，数学思维的暂时沉寂状态似乎已近尾声了。我们已经进入一个宗教、科学与政治思想的改造时代。这样的时代如果不愿单纯懵懵懂懂地在两极端之间摇摆的话，就必须在事物的极终深处寻求真理。但除非有充分说明这种极终的抽象思维的哲学，并以数学来说明各思维之间的关系，否则这种深奥的真理是无法洞察的。

为了确切地说明数学在现代的普遍重要性正在怎样地增长，我们不妨从科学上的某一个令人迷惑莫解的事实出发，看看我们在试图解决其中的困难时，必然会被引导到什么样的观念上去。目前物理学正在量子论上感到为难。如果读者有人还不清楚这理论究竟是什么的话，我在这儿暂不多谈①。主要是说明这理论中最有希望的解释是，先假定电子不是连续地渡过其空间中的道路。有一个不同于现行看法的观念认为电子存在的方式是通过一系列的期间所组成的时间占据一段空间，而且在这一段空间中只在一系列不连续的位置上出现。正好像是一部平均时速 30 英里的汽车不连续地通过这条道路，而只递次在一系列的里程碑上出现，并在每块里程碑上停留两分钟。

首先，这观念需要将数学作纯技术的应用，看看这概念是不是真正能解释量子论中许多令人迷惑莫解的性质。如果经过这样的测验这观念还能存留下来，物理学无疑是会采用它的。就以上所谈的一切说来，这问题纯粹是要在数学和物理科学之间根据数学的计算和物理的观察来加以解决的问题。

但目前这一问题已经转交给哲学家了。像这样，我们就认定电子在空间中具有一种不连续的存在，这和我们通常假定物质显然具有的连续存在是很不相像的。电子似乎把一般所谓西藏红教喇嘛的道行借来了。现在一般认为这种电子加上相应的质子就构成日常生活中的物体的基本实念。这样说来，如果上述解释被采用的话，我们关于物质存在的终极性质的概念就必须全部重新考虑。因为当我们深入这种终极实有时，空间存在的令人惊讶的不连续性就显示出来了。

① 参看本书第八章。——原注

解释这个表面上的矛盾是不困难的，只要我们同意把目前在声和光两种现象上一般所接受的原则应用到表面稳定而不分化的物质持续状态上去就行。一个持续发音的音符被解释成为空气振动的结果，一种稳定的色彩被解释成为以太振动的结果。要是用同样的原则来解释物质的稳定持续状态，我们就会认识到每一种原始要素都是潜能或潜在活动所产生的振动波。如果我们所说的能始终是物理学上那种能，那么每一种基本要素便都成了一种有组织的振动能流系统。同时，每一种基本要素便都具有一个一定的周期，能流系统将从一个静止的极限摆到另一个静止的极限。假如用海潮来作例子的话，能流系统便将从一个高潮摆到另一个高潮。这种组成基本要素的体系，在某一瞬间讲来是不成体统的。它需要本身的整个周期才能显示出来。同样的道理，一个音符在任何瞬间也不能成为音符，而需要它本身的整个周期才能显示出来。

因此，如果要问原始要素在什么地方，我们就必须取它在每一个周期的中央的平均位置。如果我们把时间分成更小的单位，作为单个电子实有的振动系统是不存在的。像这样一个振动的实有在空间所经过的道路（振动组成实有的地方）必须说成是空间一系列分离的位置，就好像是出现在一系列里程碑上，而不出现在两碑之间的汽车一样。

首先，我们要问有没有证据可以把量子论和振动说联系起来。这问题马上就可以作肯定答复。整个的量子论都是围绕着原子的辐射能来研究问题的，并且与辐射波系统的周期有密切关系。因此，振动存在的假说最有希望解释轨道不连续这一矛盾。

其次，如果我们采用上述假说，认为物质的原始要素的本质具有振动性，那么，哲学家和物理学家又会遇到一个新问题。上述的假说的意思是说除开周期性的系统以外，这种要素就不存在了。有了这种假说之后我们就要问：组成振动机构的成分究竟是什么呢？我们已经抛却了不分化的持续状态的物质。除去形而上学的强制性以外，抛却了这种物质之后并没有理由必须提出另一种更精微的质料来代替它。现在这方面已经打开了大门，可以引入一种新机体论来代替唯物论。自从 17 世纪以来，哲学就让科学把这种唯物论像马鞍子一样套在自己身上了。我们必须记住，物理学家所谓的“能”显然只是一种抽象概念。有形的事实是机体，它必然是实在事件的性质的完整表现。假如把这种科学的唯物论替换下来，思想的每一个领域中就一定会受到重大的影响。

最后，我们的结论必然是：我们终于又回到老毕达哥拉斯理论的一个说法上来了。数学和数理物理就是他所创始的。他认识到研究抽象概念的重要性，尤其是他使人们注意到数字能说明音乐中音符的周期性这一事实。因此，周期性这一抽象概念的意义，从一开始就是欧洲哲学和数学所共同提供的贡献。

17 世纪时，现代科学的诞生需要一种新的数学，需要具有更完备的方法，以分析“振动存在”的性质。在 20 世纪的今天，又看到物理学家大多从事原子周期的分析。诚然，毕达哥拉斯在建立欧洲哲学和欧洲数学时，就使它们十分幸运地获得了关于周期的推测。这会不会是神圣的天才的闪现，洞察到事物最奥秘的本性中去了呢？

第三章　天才的世纪

前两章所讲的是为17世纪科学的发芽滋长准备好土壤的先决条件。在这里面我们追述了思维中的各种要素，以及本能的信念所经历的各种过程，说明了它们从古代文明初次开出花朵起，经过中古世纪的演变，最后一直到16世纪的历史性大革命前止所经历的情形。这里面引人注目的主要因素一共有三个：第一是数学的兴起，第二是对于无微不至的自然秩序的本能信念，第三是中世纪后期思想上过火的理性主义。我们说的这种理性主义，指的是一种信念，认为发现真理的途径主要必须通过对事物本质的形而上学的分析，而且通过这种分析就能决定事物是如何活动和发生作用的。那次历史性的革命坚决地放弃了这种方法，而去研究前因与后果的经验事实。在宗教中这革命就表现为复溯基督教义之源，在科学里就表现为求教于实验和归纳法的推理。

如果把欧洲各民族在我们这个时代以前的220多年中的思维活动作一简短而十分确切的叙述，就会发现他们一直是依靠17世纪的天才在观念方面给他们累积的财富来活动的。这个时代的人继承了16世纪的历史性革命所具有的观念酵素。同时他们又把涉及人生各方面的现成思想体系传给后代。17世纪这个时期始终一贯地为人生活动的各个领域提供了思维活动的天才，对于那个伟大的时代来说，这些天才都是完全相称的。在文学方面相应地也可以看出这个英才辈出的世纪的盛况。刚一开始时，培根的“论学术的进展”和塞万提斯的“堂吉诃德”就同时在1605年发表了。这事似乎说明17世纪要以一种继往开来的气概出现似的。刚好在这事的前一年，“哈姆雷特”一剧出版了第一个四开本版，到这一年时又发行了一个略有更动的版本。最后，莎士比亚和塞万提斯又同时在1616年4月23日那一天去世了。一般认为，哈维在伦敦医科大学发表关于血液循环的理论正是这一年的春天。而牛顿出生的那一年(1642)伽利略正好去世，同时又正好是哥白尼的“天体运行论”发表的100周年。前一年笛卡儿发表了他的“形而上学的沉思”，后两年又发表了他的“哲学原理”。总之，这个世纪可以说是时间不够，没法把天才人物的重大事件摆布开来。

目前我不能详细论述这一时代所包含的各个思想发展阶段的历史。这个题目在一次讲演中讲起来太大了，同时也会模糊我所要阐明的观念。我们只要把这一个时期曾经在世界上发表重要著作的人名略为一提就够了。弗兰西斯·培根、哈维、开普勒、伽利略、笛卡儿、巴斯噶、惠根斯、波意耳、牛顿、洛克、斯宾诺莎、莱布尼茨等等都是这类的人。这个名单是根据“凡事不过十二”的精神提出的。这个数目远不能完全代表当时的情形。例如，这里面意大利人只提了一个，其实意大利人大可从自己的人才中提出这样一个名单来。同时，生物学家中也只提了哈维，而英国人在这方面也是不胜枚举的。这种不胜枚举的遗憾有一部分恐怕是由于讲演者是一个英国人，而听众也和他一样承认这是一个英国人的世纪。如果换上一个荷兰人来讲，就会感到荷兰人不胜枚举，换上意大利人来讲,就会感到意大利人不胜枚举,换上法国人来讲就会感到法国人不胜枚举了。至于德国,则由于不幸的30年战争破坏了他们的国家。除此以外,其他各国都追崇这个世纪为天才的极盛世纪。但正如伏尔泰后来对法国人强调的一样,这个世纪肯定地是一个英国思想的伟大世纪。

除了哈维以外没有提出其他生理学家的问题也需要加以解释。那个世纪在生物学上当然有长足的进展。那些进展主要是由意大利人创造的,甚至是由巴都大学创造的。但我的目的是追述哲学从科学方面借来的,并且被科学预先假定的观点。此外还要追述一下这种观点对每个时代的总情况的影响。这个时代的科学哲学是由物理学领导的。所以从一般的观念说来,在这个时代和往后两个世纪中,科学哲学便显然形成了物理学知识状况的说明。事实上,这种概念是完全不适于生物学的;但它同时又把物质、生命和机体这一类无法解决的问题交给生物学。生物学家现在正在努力解决这一问题。关于生命机体的科学还刚开始发展到足以在哲学中留下它的概念的程度。在过去半个世纪中所见到的情形是生物学观念要在17世纪的唯物论上留下印象而没有成功。不论当时的成就应当怎样估计,17世纪的基本概念也肯定是从产生伽利略、惠根斯和牛顿的这一派思想中导引出来的,而不是从巴都大学的生理学家那里导引出来的。这个世纪所提出的一个未解决的思想问题可以用下列方式来概括:有了物理学定理所规定的物质形态再加上空间的运动之后,生命机体应当怎样解释。

我对这个时代的讨论最好是用弗兰西斯·培根的“自然史”(即“林中之林”)第四章开头一段话来作引论。当年他的家庭牧师

拉利曾写了一个回忆录说他这本书是在死前五年写的，因而也就必然是写在1620—1626年之间。这一段话是这样：

“肯定地说，不论任何物体，虽然它可能没有官觉，但却一定有知觉。因为当一个物体加在其他物体上时，它就会选择合意的一种纳于自己的怀抱中，而把不合意的排斥掉。不论这物体是改变他物的还是被改变的，在行动之前总是有一种知觉存在，否则物体彼此之间的关系就会毫无区别了。有时这种知觉在某些物体之中比官觉更精微得多，官觉和它比起来是十分鲁钝的。我们只要看一看温度表就能测出气候中冷热的最细微的差别，但单凭自己就察觉不出来了。这种知觉有时是隔着一段距离发生的，其情形就好像是接触了一样。磁石吸铁或巴比伦的石油火焰，都是隔着很大一段距离发生的。因此，这便是一种很高贵的探究(对更精微的知觉的探究)所研讨的目标。知觉是打开自然界的另一锁钥，和官觉起同样的作用，有时比官觉还好。此外，这还是观察自然的主要方法，因为知觉中的东西出现得早，而效果中的东西则在很久以后才发生。”

这一段话中有趣的地方很多，其中有些论点的重要性在往后几次讲演中将要加以说明。首先要注意的是培根那样仔细地把知觉或智虑跟感官或认识的经验区别开来。在这方面培根和他那一世纪中日后盛极一时的物理思维的道路是不符合的。后来人们认为物质是被动的，受着外力的作用。当时正在形成的、唯物论观念虽然足够物理学应用，但我认为培根的思想路线却发表了一个更基本的真理。17世纪的天才在我们的文献中根深蒂固地种下了唯物观点，我们也完全习惯于这种观察事物的方法，以致使我们要再认识一种新的理解自然问题的方式时都有相当的困难。

用上一段引文作例子来说，其中所包含的段落与句子都完全充满了实验的方法；也就是说，充满了对“无情而不以人意为转移的事实”的注意，并且也充满了说明一般规律的归纳法。17 世纪遗留给我们的另一个未解决的问题是归纳法的理性根据。首先清楚地认识到烦琐学派的演绎法和近代归纳观察法之间的对立性的人主要是培根。当然，伽利略和当时所有的科学家也隐约地看到了这一点。但在这一群人中培根是最早的一个，并且他对于当时正在进行的知识革命的全部意义也有最直接的领会。预先道出了培根和整个现代观点的人可能是比培根几乎正好早一世纪的辽奥纳多·达·芬奇。辽奥纳多也阐明了我在上次讲演中所提出的理论，即写实主义艺术的兴起是形成我们科学思想的一个重要因素。诚然，辽奥纳多比起培根来是一个更全面的科学家。其实，写实主义艺术的做法比法律界中的做法更近于物理、化学和生物的做法。培根的同代人，血液循环的发现者——哈维有一句话是我们经常记得的：他说培根“以大法官的作风写科学著作”。但在现代初期，培根和达·芬奇两人携手并进地阐明了构成现代世界的各种思潮，即法律思想和写实派艺术家耐心观察的习惯。

我所引培根的那段话，并没有明显地提及归纳推理法。但培根在他的著作中主要着重说明的论点就在于说明实行这种方法的重要意义，和由此而发现的自然界秘密对人类福利的重要性。这一点是无须多作引证说明的。归纳法比培根所预见的要复杂得多。他心里有一点信念，认为只要在搜集例证时做到仔细，普遍的规律就会自然显现出来。现在我们知道，这种说法对于导引出科学结论的过程说明得很不充分，这一点哈维当时可能也看出来了。但即使除掉这一切，培根依然是构成现代世界思想的一个伟大的奠基人。

18 世纪时，归纳法所带来的特殊困难由于休谟的批判而暴露出来了。但培根是那次历史革命的先知之一。这次革命抛弃了清一色的理性主义方法而跑到了另一个极端，把一切能得出结果的知识都建筑在根据以往的特殊事例推断将来的特殊事例这种方法上。归纳法只要运用得法，它的正确性我是不怀疑的。我所要说明的一点是，除非我们满足于把归纳法建筑在一种模糊的本能信念上，认为这当然是正确的，否则就必须事先进行一番繁杂的工作，就是用理性来说明直接出现在我们认识中的当前事态的普遍性质。当前事态如果不能对过去与未来提供一些知识，我们对记忆和归纳就会完全陷于怀疑主义之中。科学或日常生活中的归纳过程的关键就在于正确地理解当前事态的全部实际情况，这一点是不嫌多加强调的。生理学和心理学在近代的发展就是由于我们理解了这种事态在具体情况下的性质，才具有决定性的意义。这一点在往后的讲演中还将谈到。如果我们把这种具体事态用一种单纯的抽象状态来代替，只考虑事物在时间和空间中的形态流变，便会发现自己处在一种无法解脱的困难之中。显然，这种对象只能告诉我们说，它们的状况就是现在所具有的状况。

因此，我们就必须回到意大利中古主义者所说的那种经院神学上去，这一点我在第一章中已经提到过。我们必须观察直接事态，并运用理性来对它的本质求得一个一般的叙述。归纳法事先假定了一种形而上学。换句话说，它是以一种事先成立的理性主义为基础的。如果要引证历史的话，除非形而上学已经证实有一个历史可以引证，否则便没有理性根据。同样的道理，对未来的猜测也必须事先假定某种知识基础，也就是说，必须事先认定有一个服从以往某些起决定作用的因素的未来存在。困难就在于了解这两种观念的意义。但不了解它们的意义，归纳法就成了笑话。

下面可以看到，就归纳法的本质讲来我不认为是由一般规律中引申出来的。这是从过去某种特殊情形的性质来推论未来某种特殊情形的某些性质的方法。但适用于一切可认识的事态的一般规律，是一个比这种方法更为广泛的假定，对这种有限的知识说来是一个很不妥当的扩大。我们对目前事态所能要求的一切只是用它来决定某一特殊事态群，这一群事态由于被包括在同一群内而在某些方面互相影响着。在物理学中，这一群事态便可以说是在共同的时一空中彼此配合在一起的一套事件；因之，从一个事态到另一个事态的转化过程就可以追溯出来。这样说来，我们所涉及的便是知识的直接事态中所出现的那一种共同时一空。归纳推理是从特殊事态进向特殊事态群，再由特殊事态群进向同群中各特殊事态之间的关系。在我们没有考虑其他科学概念之前，归纳法的讨论还不可能超出这一初步的结论。

上述培根著作的引文还有第三点值得注意的地方，即这叙述完全是关于质方面的。在这一方面，培根完全失去了 17 世纪的科学成就所具有的作风。科学从这时起便一直变为量方面的研究。先找出现象中可度量的成分，然后再求出这些物理量的量度之间的关系。培根漠视了科学上这一条规则。例如，在上述引文中他便谈到超距作用。但他所想到的是质方面的问题而不是量方面的问题。我们不能要求他预先达成他同时代的晚辈伽利略的见解，也不能要求他事先完成很久以后的继承者牛顿的事业。但无论如何他总是没有提到应当研究量的问题。可能他是被亚里士多德所传下来的流行逻辑理论迷惑了，因为实际上这种理论在应当叫物理学家“量度”的时候却叫他们从事“分类”。

到 17 世纪末，物理学便建筑在令人满意的量度基础之上了。最后和较完整的解释是牛顿提出的。人们发现质量的共同可量成分可以说明各种含量不同的物体的性质。物体的质料、形状和大小完全相同时，质量也极相近。三个条件同一的程度愈大，质量相等的程度也愈大。作用于一物体上的力，不论是接触还是超距作用，实际上被认为是等于物体的质量乘该物体由该力所产生的速度变率。在这种方式下，力就由它对物体运动的效果上看出来了。于是便产生了一个问题，这种力的大小的概念是不是能引导我们发现一种量方面的简单法则，可以用各种质的形态或它们的物理性质的条件来决定力。牛顿的概念在整个现代时期中，经受这一测验时辉煌地胜利了。它的第一个成就是引力定律，而达于顶点的胜利则是全部天文动力学、工程学和物理学的发展。

三大运动定律和引力定律的构成这一题目值得特别加以注意。这思想的全部发展过程刚好占了两个世纪。它从伽利略开始，到牛顿的“自然哲学的数学原理”为止。牛顿出生的年代伽利略正好去世。笛卡儿和惠根斯的生活时代则正好在前后两人之间。这 4 人通力合作的工作所获得的成就，毫不夸大地可以认为是人类知识的成就中最伟大的和无与伦比的成果。要估计这一成就的大小，就必须看到它的范围的全面性。它为我们提出了一个物质宇宙的景象，并且使我们能把每一特殊事态的最微小的细节都计算出来。伽利略跨出了第一步，找到了正确的思维道路。他看到值得注意的决定点不是物体的运动而是物体运动的改变。伽利略的发现由牛顿在他自己的第一运动定律中用公式表达出来了。这公式说："任何物体，如果不受到改变其状态的外力作用，就继续保持其静止状态，或等速直线运动状态。"

这个公式否定了两千年来一直阻碍着物理学进步的一个信念。同时它也讨论了科学理论中必备的一个基本概念，即关于观念上的独立系统的概念。这个概念包括了事物的一种基本性质。没有这个概念的话，科学，甚至于人类有限智慧中一切的知识都不可能存在。这个"独立"的系统倒不是一个唯我主义的系统，唯我主义的系统认为离开我就一切都不存在了。这种独立系统则是在宇宙范围之内独立存在。这就是说，有许多关于这系统的真理，只要通过统一的和系统的关系图式推演到其余的事物作为参照就行。因此，独立系统的概念并不是在本质上独立于其余事物之外的系统，而是和宇宙间其他各种事物细节没有因果上的依赖关系的系统。同时，所谓没有因果上的依赖关系也只是对这一独立系统的某些抽象特性而言的，并不是指这一系统的全部具体情况。

运动第一定律问："一个动力方面的独立系统就其全部运动来看，如果不管它的方向和各部分的内部关系，我们所能说的是些什么？"亚里士多德说必须认为这样一个系统是静止的。伽利略补充说：静止状态只是一种特殊状态，普遍的说法应当是："物体不处在静止状态便处在直线等速运动中"，因此，一个亚里士多德派的人物认为，运动是由外物的作用引起的，在量上可以由该外物所保持的速度来衡量，而方向则决定于该速度的方向。但伽利略派人物则把注意点放在加速度的大小和它的方向上。这一差别在开普勒和牛顿的对立中就可以看出来。他们都观察了把行星支持在自己轨道上的力。开普勒所发现的是推动行星的切向力，而牛顿所寻求的则是变换行星运动方向的径向力。

如果从我们经验中的明显事实来看，与其讨论亚里士多德所犯的错误，倒不如强调一下他所提出的理由反而更有利。我们在日常经验中所见到的一切运动，除非显然有外力支持，否则即将停止。因此，一个健全的经验主义者便必然会专门注意这个运动的持续问题。说到这里，我们便看出了一个缺乏想象力的经验主义者所发生的危险。17 世纪时又出现了这类危险中的另一个例子，牛顿也和世界上其他人一样陷入到这个危险中去了。事先惠根斯提出了光的波动说。但这一学说不能解释我们日常经验中在光方面所见到的最明显的事实，即一个突起物体所投射的影是由直射光线决定的。因此，牛顿就抛弃了这个学说而采取了微粒说，这一说法完全解释了影的问题。从那个时期以后，这两个学说就彼起此伏，互相消长。目前科学界的动向却是要设法把这两个说法结合起来。这个例子说明，如果因为某一种看法不能解释被考察的对象的某一极明显事实而拒不采用，也是很危险的。如果你注意自己一生中所看到的思维上的新事物，便会发现每一种新观念在刚产生的时候几乎都有一些愚蠢的地方。

现在让我们再回到运动定律上来。17 世纪时期并没有为不同意亚里士多德论点的伽利略派人物提供什么理由。这是一个重要的事实。本系统讲演中谈到现代时期的那一讲，将使我们看到相对论对这问题提供的全面说明，不过只是把我们对时间和空间的整个概念加以重新整理而已。

一直等到牛顿出来，才使人认识到质量是物体本性固有的物理量。质量在运动发生变化时始终不变。但质量在化学变化中也保持恒定这一事实，则要等到一个世纪以后才由拉瓦锡发现。牛顿的第二个工作便是以物体的质量和加速度来说明外力的大小。在这方面他的运气可算不坏。因为从数学家的观点来看，加速度与质量两者的乘积是最简单的定律，而且事实也证明这理论是成功的。现代的相对论又修改了这极简单的情况。但幸而当时并不知道今天物理学家所进行的精密实验，而且也不可能做出来。这对科学界讲来倒是一个幸运。这样，世界上的人有了两个世纪的时间来消化牛顿的运动定律。这是完全必要的。

看到上述成功之后，我们就不会奇怪，科学家何以要把他们的终极原理放在唯物论的基础上，并从此把哲学抛弃了。假如我们能确切地理解这一基础是什么，以及它最后带来的困难是什么，我们就将理解到思想的过程是什么。当你批判一个时代的哲学时，主要的注意力不应当放在当时的解释者公开加以辩护的论点上。在某一时代中，各种不同理论体系的信徒可能同时不自觉地采取某些基本假定。这种假定看来十分明显，人们甚至不知道他们假设的是什么，因为他们从没有想到过还有其他方法可以用来说明事物。在这些假定之下，可能会产生出某几种有限的哲学体系。而这一群体系就构成了当时整个的哲学学说。

现代的自然哲学，在基本上就有一个蕴涵在某一观念中的假定。人们认为这一观念可以表现自然的最具体的一面。伊奥尼亚学派的哲学家问道:"自然是由什么构成的呢?"关于这问题的答复就是质料、物质或材料等类的名词。其实采用哪个名词并没有关系,要紧的是指明它在时间和空间中有一个简单的位置。用现代观念来说,便是在时—空中有一个简单的位置。我们说的物质或质料就是具有简单位置这一特性的一切东西。所谓"简单位置"就是质料的一个主要的特性和许多次要特性。根据前者质料跟时间与空间具有同样的关系,根据后者,质料跟时间与空间的关系则各不相同。

时间和空间共同的特性是质料在时间中可以说"在这一点",在空间中也可以说"在这一点",在时—空中同样可以说"在这一点",其意义完全肯定,不需要参照时—空中其他区域来作解释。奇怪的是这种简单位置的性质不论我们将时—空区域用相对的方式来决定,还是用绝对的方式来决定都能适用。如果区域只是表示质料与其他实有所发生的一套关系的方式,那么我们说的简单位置的性质,就说明质料与其他实有具有某种位置关系,其情形无须参照它本身与同一群实有的类似关系所构成的其他区域就可以说明。事实上所谓时—空中的确定位置一经决定,不论采取的方式如何,只需说某物体刚好在某个位置就可以充分地说明它和时—空之间的关系。如果只就简单的位置来说,便不须再添其他东西了。

然而还有许多次要的解释要说明一下,这些解释可以引导出前述的许多次要的性质。首先,就时间说来,如果质料在某段时间中存在过,那么在这段时间的任何一部分中就一定也存在过。换句话说,分割时间并没有分割质料。其次,就空间来说,分割体积就确实把质料分割了。因此，假如质料在某一体积中存在，则该体积的任何一半所包含的质料必然比原体积少。正是由于这一特性，我们才产生出空间中某一点的密度的观念。一般人讲到密度时，他把时间和空间混同起来的程度都不会像现代某些极端相对论者鲁莽地希求的那样深。因为就质料说来，时间函数的分割和空间的分割是截然不同的两回事。

同时，时间的分割对质料不发生影响这一事实，就使人们得出一个结论：时间是质料的偶性而不是本质。质料在时间的分段中完全是它本身，不论分段多么短都是一样。因此，时间的过渡和质料的性质无关。质料不论在哪一瞬时都是它自身。在这句话中，时间的瞬时是没有过渡的瞬时本身，因为时间的过渡就是瞬时的连续。

因此，关于伊奥尼亚思想所提出的“世界是由什么组成的？”这一古老的问题，17 世纪所作的答复是：世界是物质瞬时位形的连续。如果要想把以太这类比一般物质更精微的材料也包括在内的话，便可以说是质料瞬时外形的连续。

科学对于基本自然元素的看法，便满足于这种假定，这是不足为奇的。像引力这类巨大的自然力量，则完全决定于质量的位形。因此位形便可以决定它本身的变化，科学界的思想也跟着完全封闭起来了。这就是著名的自然机械论，自从本世纪以来它就一直占着统治地位。这是物理学的正统信条。这些信条经过实用的考验找到了根据，说明它可以行得通，于是物理学家对于哲学便不再感觉兴趣了。他们强调了历史革命中的反理性主义。但这种唯物机械论的缺点不久就显露出来了。18—19 世纪的思想史中有一桩主导的事实，即当时世界上的人得到了一个普遍的概念，没有它便活不下去，但有了它也活不下去。

质料瞬时位形的简单位置作为自然界的具体基本事实，以及它与时间的关系都是柏格森所反对的。他认为这是由于理智上将事物空间化而把自然歪曲了。在这方面我同意柏格森的反对意见。但我却不同意说如果从理智上来理解自然，这种歪曲就一定是一个缺点。在往后的几次讲演中，我都将说明，这种空间化是把具体的事实，在非常抽象的逻辑结构下表现出来了。这里面有一个错误。但这仅是把抽象误认为实际的偶然错误而已。这就是我们说的“实际性误置的谬论”中的例子。这种谬论在哲学中引起了很大的混乱。在这儿所举的例子中，虽然有一个极普遍的趋势犯这种错误，但理智倒不一定会陷入这个错误中。

很显然，简单位置的观念对归纳法来说，将产生极大的困难。因为物质位形在任何一段时间中的一个位置，如果和过去与未来的任何其他时间都没有关系，那么我们马上就可以这样推论，任何时期中的自然界都和其他时期中的自然界没有关系。因此，归纳法所根据的便不是通过观察可以确定为自然界固有的事物。因此我们对任何定律，如引力定律等的信念，便都不能在自然界中找到根据。换句话说，自然的秩序不能单凭对自然的观察来确定。因为目前事物中，并没有固有的东西可以联系到过去和未来。因此，记忆和归纳法在自然界本身似乎都无法找到根据了。

以上所说的话一直是把还没谈到的思想预先说了，并且一直在重复休谟的论调。这一系列的思想在谈到简单位置的说法时紧接着马上就出现了。我不能等到谈 18 世纪时再谈它。奇怪的倒是，世界上的人果真一直等到休谟才看出了这个毛病。而且当休谟真正露头角时，受到人家重视的也仅仅是他哲学中谈论宗教的部分，这可以说明当时科学界一般人士的反理性主义思潮。这是因为神职人员在原则上是理性主义者，而科学界人物则纯粹相信自然的秩序。休谟本人就会嘲笑说："我们神圣的宗教是以信仰为基础的。"这种态度可以使皇家学会满意，但却不能让教会满意。它也会使休谟和后世的经验主义者感到满意。

思维方面还有另一个假设也可以和简单位置的假设相提并论。我所说的是实体与属性这两个关联的范畴。但两者之间却有些不同。一方面关于空间的地位的充分叙述已经有了许多不同的学说。但不论空间的地位如何，实有和空间的联系（一般认为这种联系就在空间之中）是一种简单位置。换句话说，一般人都默认空间是简单位置存在的场所。任何存在于空间中的东西都必然存在于空间的某一确定部分中。至于实体与属性的问题，17 世纪居领导地位的思想家虽然根据他们的禀赋很快提出了一个可以满足当时需要的说法，但他们对这一问题始终是摸不清的。

当然，实体与属性以及简单位置等概念对于人类说来都是再自然不过了。这就是我们思索事物的方式。没有这些思维方式我们日常生活中的概念就没法安排了。这一点是没有疑问的。唯一的问题是：当我们在这种概念下来观察自然时，我们的思想到底具体到了什么程度？据我看来，我们只是在为自己提出实际事物的简化状态。当我们验证这些简化状态的基本要素时，就会发现它们只能作为精心推论的和高度抽象的逻辑结构才能存在。当然，从个人心理来看，我们只要粗略地把看来无关紧要的细节抛开不谈就能得到这些观念。但当我们试图为这种抛开细节的做法找得根据时，我们就会发现这样虽然留下了一些实有，正好与我们所讨论的实有符合，但它们都是高度抽象的。

我认为实体与属性是实际性误置的谬论中的另一例证。让我们考虑一下实体与属性的概念是怎样产生的。我们观察一个对象时，是把它当作一个具有某些特性的实有来看待的。同时，每一个别的实有也是通过它的特性来理解的。例如，当我们观察一个物体时，其中有些性质如硬、蓝、圆、响声等被我们注意到了。我们看到某些东西具有这些性质，除开这些性质以外便看不见任何东西了。因此，实有便是始基或实体，属性就是在实有的基础上推断出来的。属性中有一些是基本的，离开它们实有就不能成为其本身而存在了。但其他的属性则是偶然的和可变的。17 世纪末期，约翰·洛克认为物体具有可以用数量表示的质量，并在空间的某一部分中具有一个简单的位置，这两点都是基本的属性。当然，位置是可以移动的，而质量则是不变的。后一点除开某些极端派人物而外，一般都认为是一个经验的事实。

就以上的情况讲来，一切都没有问题。但当我们谈到蓝色、吵闹等属性时，就会遇到一个不同的情况。首先，物体并不永远是蓝的，或永远会发响声。这一点我们在偶有属性的理论中已经预料到了。这一理论我们目前也可以认为是充分的。其次，在 17 世纪时暴露了一个严重的困难。伟大的物理学家拟定光与声的传播理论时，都是以他们对自然的唯物观点为根据的。关于光有两个假说：一种假说认为，光是通过物质性的以太振动波传播的。根据牛顿的另一说法则认为有某种极微妙的质料组成了小得难以置信的微粒，光就是通过这种微粒的运动而传播的。大家知道，惠根斯的波动说在 19 世纪一直占着优势。但目前物理学家则试图将这两个理论结合起来，以解释辐射方面所遇到的某些模糊条件。但不论你选择哪种理论，外在的自然界中都没有光和色存在。有的只是质料的运动。同时，当光线进入你的眼睛落在网膜上时，也只是质料的运动。接着，你的神经和大脑都受到了影响，但这仍然是质料的运动。这种理论对声也能适用，只要把以太波换上空气波，把眼睛换上耳朵就成了。

接着我们便要问，在什么意义下能说蓝色和闹声是物体的性质呢？同样的道理我们也可以问香味在什么意义下能说是玫瑰花的性质呢？

伽利略考虑了这个问题，他立即指出，离开眼睛、耳朵或鼻子就没有所谓色、声、嗅了。笛卡儿和洛克都推演出一套关于第一属性和第二属性的理论。例如笛卡儿在他的“形而上学的沉思第六篇”①中说：“诚然，当我感觉到各种色、声、嗅、味、热度、硬度等等时，我很有把握地认为各种作为感觉的来源的物体中，有某几类与这些感觉相适应的东西存在，虽然在实际上也许和这些感觉并不相像；……”

他在“哲学原理”一书中又说：“我们通过感官对于外物所能知道的东西不外乎是形状（或状态）、大小和运动。”

洛克在写书时是能够理解牛顿动力学的，于是他便把质量列为物体的第一属性。简而言之，他是根据 17 世纪末期的物理科学

① 根据约翰·维奇教授译本。——原注

状态提出了第一属性和第二属性的理论。第一属性是实体的基本属性，这些实体的时—空关系组成了自然界，而这些关系的秩序性就组成了自然的秩序。自然界的事素以某种方式被生物躯体上的心灵所感知。从根本上说来，心灵的感知是互相联关的人体中某些部分所发生的事素——如大脑中的事素——所引起的。但心灵在感知时也经验了许多感觉。确切地说，这些感觉只是心灵本身的性质。它们由心灵投射出去，而包围在外在自然界的适当物体上。因此，物体便被认为具有某种性质，其实这种性质并不属于它们本身，而纯粹是心灵的产物。在这种情况下，自然便有了一种功绩。其实这种功绩应当是属于我们自己的。如玫瑰花的香气、夜莺的歌声、太阳的光芒等都是这样。诗人们都把事情看错了。他们的抒情诗应当不对着自然写，而要对着自己写。他们应当把这些诗变成对人类超绝的心灵的歌颂。自然界是枯燥无味的，既没有声音，也没有香气，也没有颜色，只有质料在毫无意义地和永远不停地互相碰击着。

不论表面形式怎样变化，17 世纪的典型科学哲学最终达到的成果实际上就是上面这些说法。

首先，我们必须注意到以上的说法作为一个概念系统来讲，在科学研究的组织上所起的惊人作用。在这一方面它完全无愧于当时的天才人物。从那个时代起，它就一直指导着科学研究，到今天它还是占统治地位。世界上每一个大学都是根据它组织起来的。探究科学真理的其他组织系统还没有出现过。它不但是占统治地位，而且根本就是找不到对手。

然而，这说法却是完全不能令人置信的。这种宇宙概念肯定地是通过高度抽象的概念构成的。只有当我们把自己的抽象概念误为具体实在时才会产生这种谬论。

关于这一世纪的科学进步，不论是怎样普泛的描述都不能把数学方面的进步略而不谈。这方面和其他许多方面一样，正是当时的天才大显身手的场所。几何学的现代时期的开创人是三位法国人；一个是笛卡儿，一个是德札尔，另一个是帕斯卡。还有一个法国人——费马则奠定了现代分析数学的基础，只是没有使微分的方式达到完满的境地。出生在上述诸人之间的牛顿和莱布尼茨把微积分作为一个实际的数学推理法创造出来了。到那个世纪末期，数学作为应用到物理问题上的工具来说，已经在很大的程度上达到了现代这种纯熟的地步。现代纯数学，除了几何以外，在当时都还在萌芽时代。19世纪所得到的惊人发展，在当时还看不出迹象来。但由于数理物理学家的出现，带来了一种思维方式。这种方式将统治下一世纪的科学界。这将是一个“数学分析得胜”的时代。

17世纪终于产生了一种科学思维体系，这是数学家为自己运用而拟定出来的。数学家的最大特色是他们具有处理抽象概念，并从这种概念中演绎出一系列清晰的推理论证的才能。只要那些抽象概念是你所要探讨的，你就能圆满地运用这些论证。科学抽象概念的巨大成就一方面提出了**物质**和物质在时间与空间中的**简单位置**，另一方面又提出了能感觉、感受和推理，但不干涉外界的**精神**。这样就不知不觉地迫使哲学承认它们是事实的最具体的说明。

在这种情形下现代哲学就被推翻了。它以极复杂的方式在三个极端之间摇摆。一种说法是二元论，认为物质与精神具有同等的地位。另外两种都是一元论，其中一种把精神置于物质之内，另一种则把物质置于精神之内。但这样玩弄抽象概念并不能克服17世纪科学思想方法中“具体性误置”所引起的混乱。

第四章　论十八世纪

如果各时代的思想情绪可以对照起来看的话，欧洲18世纪的情形刚好发展到中世纪的反面去了。这种对照象征化地表现在沙特尔的教堂①以及达朗贝跟伏尔泰在巴黎会谈的沙龙两地的差别上。中世纪的人经常想把"无穷"理性化。18世纪的人则把现代的社会生活加以理性化，并把他们的社会学理论建筑在援引自然界事实的基础上。前一时期是信仰的时期，它的基础是理性。后一时期，人们从不打草惊蛇，这是一个把理性建筑在信仰上的时期。这话怎么讲呢？比方说，圣·安瑟伦如果没有找出一条令人信服的理由来证明上帝存在，就会感到怏怏不乐。他的理论大厦就是以这个理由为基础建立起来的。但休谟的"论自然宗教史"则建筑在对自然秩序的信念上。在比较这两个世纪时，应当记住推理可能发生错误，信念也可能误置。

在前一讲中，我会追述了往后一直统治着思想界的科学观念系统在17世纪时的发展情形。这里面包含着一个根本的二元性；一方面是物质，另一方面是精神。在这两者之间又有生命、机体、功用、瞬时实在、交互作用、自然秩序等概念，这几种概念综合起来

① 中世纪法国重镇，以教堂建筑闻名。——译注

就构成了整个系统的致命弱点。

我也曾提出自己的看法，认为我们如果要对自然界事物的具体性质作出更彻底的表达，在这一理论体系中首先应当批判的是简单位置的概念。由于这一概念将在以下各讲中占重要地位，所以我就不怕重复我对这一概念所赋予的意义。如果我们说一个物质微粒有一个简单位置，意思就是说在表达它的时—空关系时，只要说它的位置就在它本身所在的地方，并说它在一个肯定有限的区域中和一段肯定有限的时间里存在就行了。完全不必涉及该物质微粒跟其他空间区域以及时间延续的关系。同时，这种简单位置的概念跟绝对论者与相对论者在时间与空间的看法上的争论毫无关系。任何关于时间与空间的理论，只要能对于某一肯定空间区域或时间延续的意义加以说明，不论所讲的是绝对的看法还是相对的看法，简单位置的概念都有完全肯定的意义。这一概念是17世纪自然观念体系的基础。没有它，观念体系就无法表达了。我将说明，在我们直接经验所感知的自然因素中，没有任何一种东西具有简单位置这种性质。这倒不是说，17世纪的科学都错了。我认为通过建设性的抽象过程，便可以获得某些具有简单位置的物质微粒的抽象概念，以及另一些包括在科学思想体系中的精神的抽象概念。因此，实际上的错误便是我所说的“具体性误置的谬论”中的一个例子。

把注意力局限在肯定的抽象概念群上有一个好处是，思想可以集中在限界和关系都极明确而又肯定的事物上。因此，如果你有一个逻辑的头脑，就可以对于这些抽象实有之间的关系演绎出各种结论来。同时，假如抽象实有的基础很好，也就是说，抽绎时没有脱离经验中一切重要东西的话,那么集中在这些抽象概念范围内的科学思想,便能得出许多有关我们对自然界的经验的重要真理。我们都知道,那些思想清晰而敏锐的思想家,被包围在抽象概念的硬壳中动弹不得了。他们径直地抓往你的个性,硬把你塞进他们的抽象概念里。

但把注意力单纯集中在一群概念上,不论这些概念基础如何好,由于这种做法的性质所限,总会有毛病:那就是你把别的东西全抽绎掉了。如果被抽绎掉的东西在你的经验中是重要的,你的思想方法便不宜于处理它们了。思想时总是不能没有抽象概念的。因此,最重要的是要经常以批判的态度检查你的抽象方式。正是在这一点上,哲学对社会的健康发展就极为重要。这就是抽象概念的批判。文明如果不能超脱流行的抽象概念,便会在获得一些进步之后变得一无后果。一个活跃的哲学派别对于概念的进展是十分重要的,就像一个活跃的铁路工程学派对于燃料的运转一样重要。

表现一个时代的主要活动的一套抽象概念获得惊人成就时,哲学的功绩往往会被完全掩盖下去。这正是 18 世纪发生的情形。当时的哲学家根本不是哲学家。他们是一批头脑清晰、思想敏锐的天才。他们把 17 世纪的一些科学抽象概念用来分析广漠无边的宇宙。在当时极感兴趣的那一类观念中,他们所获得的胜利是极其辉煌的。凡属不合他们那套体系的东西都一概置之不理,加以嘲笑,或表示不信任。他们极恨哥特式的建筑,这就表明他们对模糊不清的透视是不表同情的。那时是理性的世纪,是健康、豪迈、纯正的理性占统治地位的世纪。但那种理性却是用一只眼睛透视的理性，视野缺乏深度。我们对于那一个时代的人是不胜感激的。千余年来，欧洲一直是不能容人和难以容忍的空想家的逐鹿场。18世纪的常识以及当时对触目惊心的社会苦难的理解，再加上人类天性明显的要求，都使世界像受到了一次道德的清洗似的。伏尔泰的功劳是不可抹杀的。他痛恨不公正、残忍、无情的镇压和骗人的把戏。同时他能洞察这些事情。在这些极高尚的美德上，他是该世纪光明一面的典型人物。但人类在生活中如果不能光是吃饭，就更不能光吃消毒剂。这个时代是有一定限度的。但当时有许多重要论点到今天还是被热情地捍卫着。除非我们充分估计了当时的成就，否则这种热情是很难令人理解的，在某几个科学派别中尤其如此。17世纪的概念体系在当时逐渐被证明是完整的研究工具。

这种唯物论上的胜利，主要发生在唯理论的动力学、物理学与化学中。就动力学与物理学说来，进展的形式是前一世纪主要观念的直接发展。完全新颖的东西还没有产生出来，但细节方面的发展则是巨大的。特殊情形被揭示出来了。情形似乎是天国通过一套预定的计划被打开了。在这一世纪的下半叶，拉瓦锡实际上把化学奠定在现代的基础上了。他确定了物质在任何化学变化中不生不灭的原则。这是唯物论思想的最后一个胜利，这理论一直到现在还没有最后证明出可以有不同的说法。当时的化学科学只是在等待着下一世纪的原子理论。

在这一世纪中，各种自然过程的机械论解释的观念终于僵化为科学上的武断论。这种观念由于许多数理物理学家获得了一系列令人惊羡的胜利，尤以1787年拉格朗日所发表的“分析力学”更是达到了登峰造极的地步，所以便一直是所向无敌的。牛顿的“自然哲学的数学原理”发表于1687年，这两部伟大的书正好相距一百年。这一世纪包含着近世数理物理的第一时期。到1873年，克勒克·麦克斯韦发表了他的“电与磁”，这就标志着第二个时期的终结。这三本书都在思想上打开了一个新局面，使得往后的每一方面都受到了影响。

如果看一看人类系统地研究过的领域时，便不可能不深深地感到各个领域的人才分布是不平衡的。几乎每一个题目都有一些杰出的人物。要产生一个主题能在思想领域中成为独立的题目是需要天才的。但就许多题目来说，当一个良好的开端和直接的事态取得很好的联系时，往后的发展便成了一系列软弱无力的挣扎。整个的题目便因而渐次在思想发展的道路上失去了依据。但数理物理却完全不然。我们愈是对它进行研究，便愈是被它所显示的令人难以置信的智慧上的成就所震惊。18世纪和19世纪初年伟大的教理物理学家便能说明这一点。这些人大部分是法国人。如莫伯堆、克来罗、达朗贝、拉格朗日、拉普拉斯、傅立叶、卡诺这一系列的名字每一个都令人想起一些世界第一流的成就。后来浪漫主义时代的代言人卡莱尔讽刺地称这个时代为“数学分析胜利的时代”，并嘲笑莫伯堆为“戴着白色假发的一本正经的伪君子”。这种说法只代表狭隘的浪漫主义者的观点。

要在一段很短的时间里不用技术名词就把这一学派进展的细节说清楚是不可能的。但我却要尽可能说明莫伯堆和拉格朗日两人共同达到的成就的要点。现在证明，他们所得到的成果加上19世纪初叶高斯和黎曼两位伟大的德国人得出的数学方法，便为日后爱因斯坦和赫兹两人推广到数理物理学中来的新概念作了必要的准备。同时他们也为本章前面所提到的麦克斯韦的著作提供了某些极宝贵的概念。

他们的目标是要发现一些比前一章所说的牛顿运动定律更普遍更基本的定律。他们要寻找某些更广泛的概念，在拉格朗日方面则是要找更普遍的数学表示法。这是一个雄心极大的事业。他们是完全成功了。莫伯堆是18世纪前半叶的人，拉格朗日的活动时代是在18世纪后期。在莫伯堆的著作中，还可以看出前一时期的神学色彩。他的出发点是：一个物质微粒在任何一段时间中所经历的全部路程，必然完成一种可以无愧于上帝意旨的完美状态。这一总原则中值得注意的有两点。首先，它证明了我在第一讲中所主张的说法，即相信自然秩序存在的信念产生于中世纪教会在欧洲人心中留下的一个印象。这印象认为具有人性和理性的上帝对一切作了无微不至的安排。其次，我们现在虽然相信这种思想方式对于细致的科学探讨并没有直接的用处，但莫伯堆在这一特殊事例中的成就，说明几乎任何概念只要把你推出流行的抽象概念范围，便比没有这种概念好。在目前这一例子中，有关的观念对莫伯堆所起的作用是引导他探索牛顿的运动定律对运动的整个路程究竟能推演出什么样的普遍性质。不管他的神学概念怎样，这无疑是一个很值得重视的步骤。同时，他的普遍概念也使他认识到被发现的性质一定是一种量方面的总和，只要稍稍偏离这个路程就会增加这个总和。在这一假定之下他便把牛顿第一运动定律普遍化了。因为每一个分离的微粒都是以均速取最短的路程运动的。因此，莫伯堆就推测一个微粒经过一个力场时，一定会体现某

一量的最小可能量。他发现了这个量，并称之为有关各时间极限之间的积分作用。用现代的术语来说，这就是一个微粒在各前后相承的瞬时中的动能与位能的差别经历一连串小段时间后的总和。因此，这一作用就和运动所引起的能以及位置所引起的能之间的交换有关。莫伯堆发现了最小作用量这一著名定理。但他比起拉格朗日来还不能算是第一流人物。他的原则在他自己和他的直接继承者手中并没有起过什么主导作用。拉格朗日在一个更宽广的基础提出了同一问题，这样便使它的答案和动力学发展的实际位程联系起来了。他的"虚功原理"应用到运动系统上时，实际上就是莫伯堆的原则应用到该系统的每一瞬时路程的情形。但拉格朗日比莫伯堆看得远一些。他理解到他掌握了一种叙述动力学真理的方式，这里面可以完全不涉及确定该系统各部分的位置时所用的特殊度量法。因此他接着便推演出许多运动的方程式。不论作出任何数量上的度量，只要能满足固定位置的要求便都能应用这些方程式。这些方程式是十分完美的，其简捷程度几乎达到了出神入化的地步。古代人认为某些神秘符号可以直接说明万物根源的神圣智慧，拉格朗日的方程式大可以和这些神秘符号相媲美。发现电磁波的赫兹有一个观念，认为每一个微粒在约制它的运动的条件下，穿过它所能通过的最短路程；他的力学就建筑在这一观念上。最后爱因斯坦出来，利用高斯和黎曼的几何理论证明这种条件可以解释为时—空固有的特性。这便是动力学从伽利略到爱因斯坦这一段过程的最简单的说明。

这时还出现了伽伐尼和伏打，他们在电磁方面都有发现。同时生物学也渐次聚积了一些材料，但却在等待主导概念。心理学也开始脱离依赖一般哲学的倾向。起初是约翰·洛克批判形而上学那种不着边际的理论，因而创始了心理学。到最后形成了心理学的独立发展。所有关于生命的科学都还在一个初步观察的阶段，分类和直接叙述还占着统治地位。在这种情况下，这一抽象概念的体系还能应付当时的需要。

在实际事务方面，这个时期也产生了一些开明的统治者，如哈布斯堡家族的皇帝约瑟夫、腓特烈大帝、瓦尔波尔、查旦大公、乔治·华盛顿等等。这不能说是一种失败。尤其是除了这些统治者而外，英国又创立了议会内阁制政府，美国创立了联邦总统制政府，法国革命则提出了人道主义原则。在技术方面产生了蒸汽机，因而迈进了文明的新世纪。18 世纪在实际方面无疑是一个成功的世纪。如果你问一问正好看到这个世纪开始的最聪明、最典型的前辈——约翰·洛克，叫他讲讲他所期望于这个世纪的是什么，我想他所提出的希望几乎很难超出实际的成就。

评述 18 世纪的科学体系时，我首先要说明一下为什么不谈 19 世纪唯心主义的主要理由。我所说的唯心主义指的是哲学上的唯心主义。这种学说认为：实在的终极意义在于完全属于认识范围的精神。以往所发展的唯心主义和科学的观点距离太远。它把科学体系生吞活剥地接受下来，认为这是自然界事物的唯一解释，同时又说自然是终极精神中的一个观念。在绝对唯心论者看来，自然界只是许多观念中的一个观念，它以某种方式分化了"绝对"观念的统一体。在主张单子精神的多元唯心论看来，这个世界就是各种不同的观念的共体。这些观念将各种单子中的各种精神单位分化开来。但不论你怎么看法，这些唯心主义学派都显然没

有能把自然界的事物有机地和他们的唯心哲学联系起来。从这次系统讲演将要讨论的问题来看，最后的观点不是实在主义的就是唯心主义的。我个人的看法是目前还需要一个暂时的唯实主义时期，使科学体系能得到重新组织，并建筑在机体的终极概念上。

我的步骤大体上说来是，首先分析一下时间与空间的地位，用一句现代话说，便是分析一下时一空的地位。这两者都有两种特性。事物被空间分隔开来，同时也被时间分隔开来。然而它们又在空间中一起存在，在时间里也是在一起存在，即使它们不发生在同一时候也是这样。这两种特性我将称之时一空的“分离性”与“包容性”。此外，时一空还有第三种特性：空间中任何东西都有某种界限。因此，在某种意义上讲，它具有本身的形态，而不具有其他的形态，而且在某种意义上讲，它处在某一个地方，而不处在另一个地方。时间的情形也是一样，事物在某一段时间中持续而不在另一段时间中持续。我把这种性质称为时一空的“样态”性。显然，样态性本身引起了简单位置的观念。但这必须和分离及包容两种特性联系起来看。

为了思路简明起见，我先说空间，然后再以同样的方式讨论时间。

体积是空间最具体的因素，但空间的分离性又把体积分析为次体积，并可以无限制地分下去。因此，如果单独地看分离性，我们就会得出结论说：体积仅止是由非体积因素——“点”累积而成的。但最后的经验事实却是单位体积，如一个大厅的容积性空间就是这样。但如果说一个大厅只是由点累积成的，这种说法便只是一种逻辑性的想象。

因此，空间的包容性单位是基本的事实，这种单位由内含的无数部分中的分离单位加以限制或延伸。当我们看到一个包容性单位时，仍然认为它是内含部分的集合。但体积的包容性单位并不只是各部分的逻辑性的集合所组成的单位。各部分组成一个有秩序的集合。这就是说，每一部分从其他部分看来都自成一体。反过来，其他各部分对于该部分来说也各成一体。例如，A、B、C 如果是三个体积，从 A 来看时，B 和 C 都有一个位态。从 B 或 C 来看时，本身之外的二体积也都有一个位态。从 A 出发而求得的 B 的位态便是 A 的本质。空间的体积没有独立存在的。它们只是整体中的实有。如果把它们从环境中抽绎出来就破坏了它们的本质。因此，我认为从 A 出发所求得的 B 的位态是 B 进入 A 结构的样态。包容性单位 A 包容着从它本身出发所求到的一切其他体积的位态而成为一单位，这一点就是空间的样态性。一个体积的形式就是可以推演出一切位态的公式。因此体积的形式比它的位态更抽象。说到这里，我大可以借用莱布尼茨一句话来说：每一个体积都在自身中反映出其他空间体积。

以上关于空间的说法可以同样地适用于时间的延续。没有延续的瞬间是一个想象的逻辑结构。每一段时间的延续本身都反映着一切时间的延续。

以上我在两个方面作了过分的简化。第一，我必须把时间和空间联系起来，从时—空的四维区域来作解释。但即使运用这种解释方式，也并没有增添什么新的东西，只要在心里把前述解释中的空间体积用四维区域代替就行了。

其次，我说包容性统一体 A 区域是由其他区域的样态呈现在

A 区域中所形成的统一。这种解释本身包含着一个循环论证。这种循环论证之所以产生,是由于时—空实际上不能认为是独立存在的实有。它是一种抽象概念,其解释必须参照抽绎出它本身的那个源头。时—空是事件相互之间的秩序,以及事件本身的某些特质的说明。如果像这样追溯具体事实,实际上就是回到 18 世纪去了,甚至回到 17 世纪的弗兰西斯・培根身上去了。我们必须谈一谈这两个时代的发展,并评述一下当时占统治地位的科学体系。

任何时代都不可能是清一色的。不论某一相当长的时期中的主要风尚是什么,都会发现该时期可能产生出与时代精神相反的人物。这种人甚至可能是伟大人物。18 世纪的情形正是这样。当我描述这一时代的特性时,诸位大概就会想起约翰・韦斯利和卢骚等人。但这类人我不打算多谈,要详谈的倒是主教贝克莱的观念。在这一世纪刚一开始时,他就提出了全部正确的批评,至少在原则上说来是如此。如果说他的思想没有发生后果,那是不符合事实的。他是一个名人,曾由乔治二世王后任命为主教,当时大英帝国的主教比今天的主教地位高多了。在世界各国的王后中,像这样聪明睿智、见解深远、能以大公无私的精神提倡学术的人是屈指可数的。但对贝克莱说来,比他的主教地位更重要的是休谟发展了他哲学的一面,只是那种发展方式一定会使这位伟大的主教不能瞑目。后来康德又研究了休谟的学说。从这一角度看来,如果有人说贝克莱在那一世纪没有影响,那的确是很荒唐的。但无论如何,他对于科学思想的主流还是没起多大作用。科学思想就像他没有写下任何著作似的,照常发展下去。科学界由于获得了极大成就,因而从那时起就一直拒绝批评,并一直沉醉于自身的

特殊抽象概念。事实上这些抽象概念也行得通，于是就使它更心满意足了。

现在我们要讨论的问题是：在 20 世纪的今天，科学界的思想对于它自身所要分析的具体事物是太狭窄了。这一点在物理学中表现得很明显，在生物学中就更加明显。因此，为了要理解现代科学思想的困难和它对现代世界的反应，我们就必须拥有一些范围较宽的抽象概念，和距离我们直觉经验的全部具体情况更近的具体分析。这种分析还必须考虑到物质与精神的抽象概念，以便解释我们在物理世界中的许多经验。贝克莱主教就是在探寻这种较广泛的科学基础上起了重要作用。当牛顿和洛克两个学派完成了各自的工作以后，他紧跟着就针对他们的弱点提出了批评。我不打算多谈他们创始的这一派主观唯心主义，也不打算谈休谟或康德哲学所发展成的各种学派。我要说明的是：不论你最后接受的形而上学是什么，都必须承认贝克莱学说中包含着另一条发展道路，这条道路正好指出了我们所寻求的那种分析。贝克莱本人忽视了这一点。这一方面是因为许多哲学家都过于偏重唯理主义，同时也由于贝克莱急于要找出一种以上帝的心灵为客观基础的唯心主义。大家也许还记得，我在前面已经说过，这个问题的关键在于简单位置这一概念上。贝克莱实际上评述了这一概念。他还提出一个问题，说：我们在自然界中认识的所谓事物究竟是什么呢？

他那部《人类知识原理》第 23、24 两节中对后一问题提出了答复。我们不妨引证几句来看看：

23. 但你说公园里的树和小房间里的书等等，纵使在没有人在旁边感知它们的存在时，要想象起来也是极容易的。我的答复是：

你很可以极容易地把它们想象出来,这里面并没有什么困难。但我要请问一句,你像这样想的时候是否仅在心灵上构成了某些所谓树和书等物体的观念,并且把感知这些物体存在的人的观念撇开了呢?……

当我们尽力感知外物的存在时,我们自始至终只是在思考我们自己的观念。心灵没有意识到自身的存在,于是便产生了一种幻觉,认为自己可以感知不被它思索或没有它存在时仍能独立存在或自行感知的物体。……

24. 只要稍微探究一下我们的思维,就可以显然看出我们到底能不能理解有知觉物体自身的绝对存在或没有心灵时的存在。在我看来这些话显然不是自相矛盾就是什么东西也没说出来。……

贝克莱的《阿西弗郎》一书中第四篇对话里有一段很值得注意的对话,在我那本《自然知识原理》一书中,我已经相当详细地征引出来了,这就是:

欧佛拉诺:阿西弗郎,请你告诉我,你能不能看到原来那个城堡的窗户与城垛?

阿西弗郎:看不到,离着这样远看来,那城堡只像一个小圆塔。

欧:但我亲自到过那里,我知道那不是一个小圆塔,而是一个方形的大建筑,上面有城垛也有角楼。你好像都没看见吧。

阿:你说这个打算推论出什么问题来呢?

欧:我认为你用视觉严格而规规矩矩地看到的东西,并不是几英里以外那个东西本身。

阿:为什么呢?

欧:因一个小圆形东西和一个大方形东西是完全不同的两回

事，对吗？……

在同一篇对话中又征引了关于行星与云的类似对话，这一段收尾时说：

欧：你在这儿所看到城堡、行星和云都和你假定在很远以外的地方存在的实物不一样，这一点难道还不清楚吗？

在上述引文的第一段中，可以清楚地看出贝克莱本人持极端唯心主义的观点。他认为精神是唯一绝对的实在，自然的统一体就是上帝心灵中观念的统一体。我个人认为贝克莱对于形而上学的解释所带来的困难极多，并不少于他自己在科学思想体系的实在论的解释中所挑出的困难。然而我们还可以找到另一条思想道路，这思想道路将使我们采取一种过渡性唯实论的态度，并通过一种方式扩充科学思想体系，使它对科学有所贡献。

前一讲引证过培根的"自然史"中的一段，现在让我们再回顾一下：

肯定地说，不论任何物体，虽然它可能没有官觉，但却一定有知觉……不论这物体是改变他物的还是被改变的，在行动之前总有一种知觉存在，否则物体彼此之间的关系就会毫无区别了。……

在前一讲中，我曾把培根所用的"知觉"解释为思索被感知物体的基本性质，并把官觉解释为认识。肯定地说，我们对于事物还没有透彻的认识时，是可以加以思索的。甚至即使当时没有认识，事后也能在思索的记忆上有所认识。此外，正如培根在他的叙述里指出的一样"……否则物体彼此之间的关系就会毫无区别了"。我们所思索的显然是一些基本要素，也就是产生差异性的要素，像这样的差异性并不仅是逻辑上的差异。

“感认”一词在我们一般用法中便充满了认识上的体认这种意义。“体认”一词纵使去掉“认识上”三个字仍然是充满认识论上的意义。我把“包容”这个字用作“非认识论”的“体认”。当我这样说时，“体认”便可以是认识论方面的用语，也可以不是认识论方面的用语。现在让我们看看欧佛拉诺最后一句话：

“你在这儿所看到的城堡、行星和云都和你假定在很远以外的地方存在的实物不一样，这一点难道还不清楚吗?”因此，我们便在本身所在的地方包容了其他地方的东西。

现在不妨回到前述《人类知识原理》一书的引文上去。贝克莱主张构成自然实有的体现状况的东西就是在心灵统一体中被感知的存在。

这一概念也可以改用另一说法:体现过程就是事物聚集到包容的统一体中去的过程，由此体现的是包容而不是事物本身。这种包容的统一体是此处和此时的，而集中到包容统一体中去的事物，则在本质上跟其他地点以及其他时间有关。现在我还要用“包容的统一过程”来代替贝克莱的心。为了使这种“自然事素不断体现”的过程能为人了解，还必须作相当详细的解释，并且要把它在具体经验中的实际意义和它本身对照起来看。这一点必须留待以后各讲再谈。在这儿首先应当注意的是，简单位置的概念被去掉了。聚集到此时此地所体现的统一体中的东西已经不单纯是城堡、云或行星。而是从包容统一体出发所看到的并处在该统一体的时间空间内的城堡、云和行星。换句话说，这就是从此处的统一体的观点出发所看到的另一处的城堡的透视。因之便是被摄入此处的统一体中的城堡等物的形态。大家也许知道，透视在哲学中是很常见的。这概念是莱布尼茨提出他的理论认为单子反映宇宙的透视时介绍进来的。我所用的透视这个观念和他相同，只是把他的单子变成了在时间与空间中被统一的事件。在某些方面说来，这概念和斯宾诺莎的“样态”倒更接近，这便是我用“样态”或“样态的”等字的理由。和斯宾诺莎比起来，他那唯一实体便是我所说的体现过程在互相联系的复杂样态下个体化的潜存活动。因此，具体的事实就成了一个过程。关于这方面的基本分析便是对潜存的包容活动和被体现的包容事件的分析。每个事件都是始基活动个体化时所产生的个别事实。但个体化并不等于实体的独立。

我们在感官知觉中所认识到的实有是我们感知作用的末端。我把这种实有称之为“感官对象”。例如某种深浅的绿色、某种音质和音调的声音、某种一定的气味、某种一定性质的触觉等都是感官对象。这种实有在某段时间和空间联系的方式是复杂的。我们可以说感官对象“进入”了时—空中。感官对象在认识上的感认便是各种感性对象的不同样态，连同该感官对象一起，在包容统一体（A 点）之中被感认的状态。主体点 A 当然是时—空中的区域，也就是在某一段时间延续中的一定空间体积。但作为一个实有来看，这主体点便是一个体现的经验的单位。A 的感官对象的一个样态就是从 A 求到的另一区域 B 的位态。这儿所谓的 A 是离开感官对象来看的。这感官对象和 A 的关系受着样态的限制。因此，感官对象便以在 B 点的位置这一样态存在于 A 之中。这样说来，如果我们所说的感官对象是绿色，它便不止是存在于 A（绿色被感认的地方），也不止是存在于B（绿色被人认定的所在地），而是以在B的位置这一样态存在于A之中。这一问题并没有什么特别神秘的地方。只要看一看镜子里所照出的身后的绿叶子就知道了。对于在A点上的你说来，有绿色存在，但这绿色却不单纯存在于你所在的A点。A点上的绿色有一种样态，即存在于镜子里面的绿叶影像中。然后再请你转过身来看看绿叶本身。这时你感认绿色的方式和未转身以前完全一样，所不同的只是绿色具有存在于实际树叶中的样态。现在我所讲的只是我们感认到的东西。我们知道绿色在感官对象的包容统一体中仅是一个要素。每一个感官对象，包括绿色在内，都有一种特殊的样态，也就是处在另一地点的位置。位置样态的形式种类繁多。例如声音便是容积性的，可以充满一个大厅，颜色的散射有时也是这样。但颜色的位置样态可能是远方体积的界限，如墙壁的颜色就是这样。因此，从基本上说来，时—空便是感官对象在一种样态之下进入的场所。这就是时间与空间（为了简单起见可以分开谈）被整个提出的理由。因为每一体积的空间或每一段时间在本质上都包含着其余一切体积或时间的位态。哲学上关于时间与空间方面的困难就在于把它们当作简单位置存在的场所。简单地说，感知就是对包容统一体的认识。再简单一点说，感知就是对包容体的认识。实际世界是许多包容体组成的多面体。单个的包容体就是一个“包容事态”，而一个包容事态则是最具体的自为和自在的有限实有，而不是从它在其他同类事态的本质中所反映的位态来看的。包容统一体可以说在A体积中具有简单位置。但这话等于没说。因为时间与空间是从各包容统一体彼此在对方体内形成后所组成的整体上得出的抽象概念。因此，当我们说一个包容体在A体积上有一个简单位置时，就好像说一个人的脸凑合到脸上浮泛着的微笑上去一样。根据以上所说的情况看来，我们还不如说感认的动作有一个简单的位置更有意义，因为这样还能理解为它简单地存在于认识者这种包容体上。

就以上所说的看来，自然界所牵涉的实有比单纯的感官对象要多。虽然在更加全面地看问题时，我俩的说法也许还有必要加以修改，但现在我们已经可以答复贝克莱关于赋予自然的实在性究竟具有什么性质的问题了。他本人认为这是心灵中观念的实在性。一个完整的形而上学获得了心灵或观念的某些概念之后，可能最后接受这种看法。在本系统讲演中无须讨论这一根本性的问题。我们可以采用一种暂时的唯实主义，把自然看成是包容统一体的综合。时间与空间则表现着这些包容体之间交互关系的一般格式。其中的任何一个都无法从这一关联组织中除去。但其中每一包容体都具有整个综合体所具有的实在性。反过来说，整体也具有每一个包容体那样的实在性，因为每一个包容体都统一了从它本身出发赋予整体中其他部分的样态。包容体就是一个统一的过程。因而，自然是一个扩张性的发展过程，它必然从一个包容体过渡到另一个包容体。被达成的东西就被放到后面去了，但却仍有本身的位态呈现于未来的包容体中，因而又被保存下来了。

因此，自然便是一个演化过程的结构。实在就是这个过程。如果有人问红色是不是实在的，这便是荒谬绝伦的话。红色只是体现过程中的一个组成部分。自然界中的实在就是自然界中的包容体，换句话说就是自然界中的事件。

现在我们已经清除了时间和空间的简单位置的污迹，因之就可以部分地抛弃令人生厌的名词——包容体。这名词是用来说明事件本质上的统一体，即说明事件是一个实有而不单是各部分或组成成分的集合。我们必须理解，时一空不过是把集合体组成统一体的系统。但事件这个字正好意味着这种时一空中的统一体，因此便可以代替“包容体”来说明被包容的东西。

一个事件可能具有跟它同时发生的其他事件。这就是说：一个事件把跟它同时发生的事件的样态作为现时达成态的展示而反映在本身之中。事件也有过去。这就是说该事件在自身中把先行事件的样态反映出来，并作为记忆混入自身的内容中去。事件还有未来。这就是说，这一事件在自身中反映出未来向现在反射回来的那些位态。换句话说，它反映出由现在决定的那些位态。因此，事件便有预示作用，就像下面这两句诗所说的一样：

无垠寰宇，

先知梦魂萦来日。

这几句结语对于任何形式的实在论说来都是极重要的。因为在我们的认识界中，有过去的记忆，有目前的体现，也有对未来事物的预示。

以上所作的简单分析比科学思想体系的分析还具体。我在这里的出发点是我们自身关于认识方面的心理领域。这一出发点的意义就是它本身所表明的意义，即我们对自己的躯体事件的自有知识。这儿的事件指的是全体的事件，而不是对身体的详细体察。这种自有知识显示出自身以外的实有的样态表象的包容统一体。以上各点可以总结一个原则，即这种纯粹躯体事件，除开特殊复杂和稳定的固有模式以外，和其他事件完全处在同一水平。唯物机械论的力量泉源就在于它坚持不许人为地打乱自然秩序来堵塞理论上的缺口。这一原则我完全同意。但如果你像经验主义者那样从自身心理经验的直接事件出发，你就马上会被引导到本讲所提出的自然的机体观上去了。

18 世纪的科学思想体系没有提出任何可以组成人类的直接心理经验的要素，这是它的缺点。同时对于整体的有机统一体也没有提出任何可以发展成电子、质子、分子、生物体等有机统一体的初步概念。根据那时的思想体系，各部分质料相互间何以会具有各种自然的关系，在事物的本质中也找不出任何理由。我们不妨承认自己不能找到必然的自然规律，但我们却有希望看到人们必须承认自然秩序的存在。自然秩序的观念作为机体发展的场所和自然观念紧紧地结合起来了。

注：笛卡儿在“对‘形而上学的沉思’诸驳论的答复”中所提出的几句话对于本章后一段说来是很有意义的。他说：“太阳的观念就是它本身在心灵之中的存在。这诚然不是它在天空中那种形式上的存在，而是一种客观的存在，也就是通常一般物体在心灵中的存在形式。这种存在形式确乎没有物体在心灵以外存在的形式那样完整。但我已经说过，它绝不会因此而成为不存在。”（“驳论 I 的答复”，海登与罗斯合译，第 2 卷，第 10 页）。我个人很同意笛卡儿这种观念，但却认为它很难同笛卡儿哲学的其余部分调和。——作者

第五章　浪漫主义的反作用浪潮

我在上一讲中说明了18世纪从前人继承过来的狭窄但又有效的科学概念体系对这一世纪具有一些什么样的影响。产生这一体系的思想家和奥古斯丁的神学是完全气味相投的。新教的加尔文主义和天主教方面的让赛尼异端都证明人在无可抗拒的圣宠面前是无能为力的。现代的科学则证明人在不可抗拒的自然机构旁边也是无能为力的。这种神性的机械论和物质的机械论便是那时范围狭窄、逻辑清晰的形而上学的两个怪异产物。17世纪也是具有天才的，他们将世界上的芜杂思想界清除了一番。18世纪接着又以无情的手段继续进行那种清除工作。科学体系存在的时间比神学体系长。人类不久就对不可抗拒的圣宠失去了兴趣，但却很快地对科学所产生的能解决实际问题的工程学有了认识。贝克莱主教对这一系统的基础提出哲学上的批判也是18世纪前二三十年的事，但他没有能搅动思想的主流。在上一讲中我推演出一套与他平行的理论，这一理论势必引导出一套不把自然建筑在物质的观念上而把它建筑在机体的观念上的思想体系。在本讲中我将首先谈一谈文化界人士对这种机械论与机体论的对立有什么具体看法。人性的具体外貌唯有在文学中才能体现出来。如果要理解一个世纪的内在思想，就必须谈谈文学，尤其是诗歌和戏剧等较具

体的文学形式。

我们不久就可以看到西方人表现了许许多多一般认为只有中国人才具有的特性。有人对于中国人有时相信孔教,有时又相信佛教这种情况表示惊讶。中国人的情况到底是不是这样,我不大清楚;这两种学术观点是否水火不相容我也不知道。但西方倒真有类似的事情存在,而且有关的两种观点是不相容的,这是千真万确的事实。人们一方面相信以机械论为基础的科学唯实论,另一方面又坚信人类与高等动物是由自律性的机体构成的。现代思想的基础上既存在着这种极端的矛盾,这就说明了我们的文明为什么会不彻底和摇摆不定。如果说这矛盾分裂了思想,也许有些过火。但由于有这潜存的矛盾存在,倒的确使思想衰退了。总而言之,中世纪的人曾追求过的一种高超境界,我们现在几乎已经完全把它遗忘了。他们抱有一个理想,要达到理解上的和谐;而我们却满足于各种由于武断的出发点而造成的表面上的秩序。例如欧洲各民族的个人主义的力量所创造的事业,都事先假定自然界的活动导向一群目的因。但他们在发展中所运用的科学则根据一种主张自然因果律至上的哲学,这种哲学把自然原因和终极目的分割开了。讨论这里面所牵涉的矛盾是不受人欢迎的。但不论你想怎么含糊过去,这个事实总是存在。当然,18 世纪时佩利也曾有这样一句名言:机械论必须事先假定创造自然的上帝存在。但在佩利还没用最后的形式提出这一说法以前,休谟就提出辩驳道:你所能找到的上帝仅是创造出这一机械论的上帝。换句话说,机械论最多只能假定事先有一个机械匠存在。这个机械匠还不是一般的机械匠,而是这个机械论的机械匠。要超脱这机械论的范围便只

有在发现它不成其为机械论时才能办到。

当我们抛开神学中的护教学而谈一般文学时，就会像预期的情形一样，发现科学观点在这儿一般都被忽视了。光就文学材料来说，科学本来是没有机会被提到的。直到最近时期以前，作家们都沉浸在古典与文艺复兴时代的文学中。其中大部分人对科学与哲学都不感兴趣，他们的思想训练使他们不能理解这一套。

这种一般的说法也有例外。甚至单就英国文学而言，哲学与科学跟许多伟大人物都是有关的，科学的间接影响尤其可观。

前面说现代思想中存在着一个令人迷惑的矛盾，如果把英国文学中在一般风格上带有说教性质的庄严伟大的诗拿来看一看，就可以得到一个旁证。这方面的诗有密尔顿的《失乐园》、波普的《人论》、华兹华斯的《漫游集》、坦尼逊的《追忆集》。密尔顿的著作虽然是在"复辟"以后写成的，但却是表达着他那一时代早期完全没有受科学唯物论影响的神学气氛。波普的诗则代表着中间这60年科学唯物论对一般思想的影响。这一时期包括科学运动获得牢固的胜利的前一阶段。华滋华斯彻头彻尾表现着一股对18世纪思潮的有意识的反抗。这种思潮不外乎根据全部表面价值接受科学思想。华滋华斯从没有考虑过任何思想上的对立。他的唯一动力只是一种道德上的反感。他认为有某些东西被遗漏了，而被遗漏的每一件东西又都是最重要的。坦尼逊则是19世纪后期日益衰微的浪漫主义跟科学妥协的代言人。到这个时候，现代思潮中的两个因素由于对自然过程和人生的解释矛盾，因而使彼此之间的基本分歧显露出来了。坦尼逊在这部诗里成了上述迷乱状况的典型代表。这里面包含着两种对立的世界观，它们都诉诸似

乎无可逃避的终极直觉，所以便都被他承认。坦尼逊深入这个难题的中心。使他感到困惑的就是关于机械论的问题：

伊人轻语云，诸星盲目行。

这两句诗把全篇所包含的哲学问题赤裸裸地说出来了。每一个分子都盲目地运行，而人体又是许多分子的组合。因此人体的行动也是盲目的，就是说躯体的行动根本没有个人责任问题存在了。只要你承认分子完全不受人体这种完整机体的决定，而肯定地要独立成为自身的状态，同时又承认盲目运行受着一般力学规律的规定，那么这个结论便是无可避免的。但心理经验是从身体活动中产生出来的，身体的内在行为当然也包括在内。因此，心灵的唯一作用就是把某些经验肯定下来，同时又把它所能得到的某些跟身体的内在与外在活动无关的经验加上去。

因此，可以提出两个关于心灵的理论。一个理论是否认它能为本身提供躯体所不能提供的经验，另一个理论是承认这一点。

如果你不承认心理附加的经验，那么道德责任就完全不存在了。如果承认这种经验，那么人对于自己身体的行为虽然不承担某种责任，但对自己的心理状态却可能要负责任。坦尼逊的诗中逃避这一明显问题的方式就说明了现代世界思潮的消沉。这里面有某种东西被留作了弦外之音，变成了家事中的私房话。宗教和科学中的问题他几乎都谈到了，唯有这一问题却只小心翼翼地一提就闪躲过去。

当他这篇诗写成时，这一问题正被人们热闹地争论着。当时约翰·司徒亚特·穆勒正在提倡他的命定论。这一理论认为意志是受动机决定的，而动机则可以用先行条件来说明，其中包括身心两方面的状态。

这一理论显然没有逃脱极端机械论所提出的难题。如果意志能影响身体状况，那么身体中的分子就不是盲目运行的。如果意志不能影响身体的状态，心灵就会存在于不如意的情况中。

穆勒的理论被普遍接受，科学家尤其欢迎。它似乎能使你一方面接受极端的唯物机械论理论，同时又能超脱它那种难以令人置信的结论。其实它并不能办到这一点。身体中的分子要不是盲目运行，便只能是不盲目运行。如果是盲目运行，那么讨论身体行动时就与心理状态无关了。

我只把这些说法很简略地提一下，因为实际上这问题很简单。冗长的讨论只会产生混乱。这儿并不发生分子在形而上学中的地位问题。如果说分子只是一些公式，这话对这说法讲来完全没有意义。因为人们知道公式总是有意义的。如果没有意义的话，整个的机械论也就没有意义了，这问题跟着便没法再谈下去了。但如果公式有意义，这一说法便只能刚好在自己所提出的意义上说得通。以往除开干脆不理会它以外，传统的方式是求助于现在所谓的“活力论”的某种形式来逃避这一困难。所谓活力论实际上只是一种调和的说法。它主张在无生物界完全应用机械论，而在生物体中则认为机械论要有若干改变。我认为这理论是一种不成功的调和。有生界和无生界之间的差别非常模糊，而且还有许多问题，像这样一个武断的假设是很难说得通的。这说法里在某些地方总牵涉到本质上的二元论。

我主张的理论是这样：整个唯物论的概念都只能应用于由逻辑辨认所产生的极抽象的实有。持续的具体实有就是机体。所以整体的结构对于从属机体的性质都有影响。在动物方面说来，心理状态进入了整个机体的构成中，因此对于一连串的从属机体，一直到最小的机体——电子为止都有影响。因此，生物体内的电子由于身体结构的缘故，和体外的电子是不同的。电子在体内和体外都是盲目运行，但在体内时则遵照其在体内的性质运行。换句话说，便是遵照身体的一般结构运行，而这一结构便包括心理状态在内。性状变更的原理在自然界中是极普遍的，绝不是生物体独有的特征。在往后各讲中我将说明要接受这一原理就必须放弃科学唯物论，而换上一种机体论的理论。

穆勒的命定论不属于本系统讲演的范围，我不打算多讲。前面的讨论为的是说明，如果不为机械唯物论或活力论调和说所引起的困难所阻挠，则命定论或自由意志论总有一个有理由。本系统讲演所提出的理论可以称之为**机体机械论**。在这一理论中，分子将遵照一般规律盲目运行，但由于各种分子所属总体的一般机体结构不同，而使其内在性质也各不相同。

具体生活事物中事先假定的道德直觉方面的唯物机械论和科学方面的唯物机械论之间存在着一段距离。这距离的意义要经过几世纪以后才能渐次看出来。前述各诗所属的时代的不同风格凑巧都在各诗的开始几段中反映出来了。密尔顿在他的序言末尾提出了一个祈祷：

立言高格调，愿能明天意。
上帝御尘凡，其道于此宣。

根据现代许多研究密尔顿的作家的意见来看，我们也许会认为密尔顿的《失乐园》与《得乐园》是作为一些无韵诗的练习来写的。但这绝不是密尔顿本人对于自己作品的看法。“上帝御尘凡，其道于此宣”倒真是他的主要目标。在《武士参孙》一书中他又提出了同样的观念：

天道何其平，

御人何其公。

在这里面我们可以看到信心多么强。汹涌澎湃的科学浪潮即将来到，但它完全没有受到影响。《失乐园》的实际出版日期完全处在它的本质所属的时代以外。这是一个信心从未受惊扰的世纪即将逝去的回光返照。

如果把《人论》和《失乐园》两部诗集作一比较，就可以看出英国文学的格调在波普与密尔顿之间这五六十年中起了多大的变化。密尔顿的诗是向上帝写的，而波普的诗则是向波令布鲁克公爵写的。他曾写道：

大梦其速醒！遗彼卑微事。

睥睨帝王心，浮生糊口终其世。

纵观世间情，

何纷纭！仅有制。

波普最后两句诗“何纷纭！仅有制”。表示他有一种豪迈的信心。我们不妨把密尔顿的诗拿来对照一下：

天道何其平，

御人何其公。

但真正值得注意的地方倒是波普和密尔顿都没有被如今困扰着现代世界的大谜团所烦恼。密尔顿所追随的方向是描述上帝御人之道。隔了两个世代以后，我们看到波普又以同样的信心认为昌明的近代科学方法，足以为极纷纭的事物提供一个足敷应用的蓝图。

在这一题目上，下一部诗便是华滋华斯的《漫游集》。从这诗集的散文序言看来，原来他计划要写的是一部较大的“关于人、自然与社会的哲学诗集”，但这不过是其中的一部分而已。

他在开头一行就以极富特色的方式写道：

夏日何炎炎，赤阳已中天。

从这里看来，浪漫主义的反作用既不从上帝出发，也不从波令布鲁克公爵出发，而是从自然出发。在这里我们看到，人们对18世纪的整个风格发生了一种有意识的反作用。18世纪以抽象的科学分析来接近自然，而华滋华斯则以本身一切具体经验和抽象的科学概念对立起来。

从《漫游集》到坦尼逊的《追忆集》这一段时期，世间有了整整一世代的宗教复兴和科学进步。早期的诗人解决谜团的方法是置之不理，但这不是坦尼逊所愿走的道路。因此他的诗开头就写道：

荡荡上帝子，垂爱绵万世。
我躬无由亲，诚信通神祇。
尘凡不见处，信德奉天旨。

这诗中迷惑的神情一眼就看出来了。19世纪本是一个迷惑的世纪，前两个世纪都不是这样。以往也曾有敌对的阵营，在他们的所谓根本问题上争执不休。但除开少数彷徨不定的人以外，各个阵营都是一心一德的。坦尼逊的诗意义就在于说明了那个迷惑不定的时代的性质。但较早时期的大思想家就是思路明确的思想家。如笛卡儿、斯宾诺莎、洛克、莱布尼茨等都是这样的人。他们自己的意思和叙述都很清楚，而且也照直说出来了。19世纪的神学家和哲学家中的大思想家有很多是非常糊涂的。他们同时承认两种互不相容的学说，而协调的企图又只能引起无可避免的混乱。

诗人马修·阿诺德表现当时典型的个人迷惑情况甚至比坦尼逊还要突出。他的诗集《道维尔海岸》结尾时写道：

战地已昏瞑，惊奔搏斗情，
心怀萦恐惧，三军夜战声！

我们不妨把这诗和前述《追忆集》比较一下，就知道其间的差别了。枢机主教纽曼在他的《辩护录》中说，伟大的英国教士普西有一个特点是"从未受过心灵迷惑的缠绕"。普西在这一点上令人追忆起密尔顿、波普、华滋华斯诸先哲来，并且和坦尼逊、克拉夫、马修·阿诺德以及纽曼本人形成了对照。

诚如我们所预料的，英国文学中出现了法国革命前后浪漫主义反作用浪潮诸领导人物对科学思想的最有趣的批判。在英国文学中最深刻的思想家是科勒里季、华滋华斯和雪莱。济慈的文学作品是没有受科学影响的一个例子。科勒里季想在表面上搞出一套哲学公式，但这暂且不谈。那套哲学公式在当时很有影响，但本讲演所要谈的只是以后能长期流传的思想。纵使加了这个限制，也还是只能挂一漏万的谈谈而已。对我们说来，科勒里季的意义只在于他对华滋华斯的影响。在这种标准下，能保留下来的只是华滋华斯和雪莱。

华滋华斯专心致志于自然界，有人说斯宾诺莎醉心于上帝，我们同样也可以说华滋华斯醉心于自然。但他是一个好学深思的人，对哲学很感兴趣，头脑清晰到近乎枯燥无味的程度。此外，他还是一个天才。他不爱科学，以致吃了亏。我们没有忘记他对穷人的讽刺，他曾粗鲁地骂他们不该在他母亲坟上鬼鬼祟祟地张望，并在那儿采野菜。表现这种厌恶情绪的诗是不一而足的。他这种典型思想可以用他自己一句话来概括：——“我们谋杀是为了解剖。”

这一引句所在的那段文字中，他流露了自己评述科学的思想基础。他反对科学不该完全沉浸于抽象观念之中。他始终坚持说，自然界的重要事实逃脱了科学方法的掌握。因此，要紧的是要问清楚：华滋华斯到底发现自然界中有什么东西还没有在科学中体现出来呢？我是为着科学本身的利益而提出这个问题的。因为本系统讲演有一个主要的论点，就是反对某些人认为科学的抽象概念既不可改变又无可更换的说法。但华滋华斯绝不是把无机物交给科学去公道处理，而认为生物机体中存在着科学不能分析的东西。他当然认识到了生物在某种意义上是不同于无生物的，这是谁也不怀疑的。但这并不是他的主要论点。他始终不能忘怀的倒是萦绕心头的山景。他的理论认为自然是一个整体。换句话说，他认为不论我们把任何分离的要素作为单个自为的个体来确定，周围事物都会神秘地出现在其中。他经常把捉住特殊事例的情调中所牵涉的自然整体。这就是他为什么会和水仙花一同欢笑，并在樱草花中找到了“涕泪不足以尽其情的深思”。

华滋华斯远优于其余作品的最佳诗作是《序曲》第一卷。其中充满了为自然形象所萦绕的情调。有好几段极其雄壮的诗句表达了这一概念。只是原文太长了，没法引出来。当然，华滋华斯是一个写诗的人，他并不关心枯燥无味的哲学叙述。但他对自然的感情体现得最清楚。他认为自然是由许多错综复杂的包容统一体组成的，每个统一体都充满其他统一体的样态表象：

充乎天，沛乎地，
自然之形影，山峦之幻景，幽境之精灵！
壮哉造化功，俗念何由生？
儿时栖游处，此影未尝去。
峦岩林泉间，洞穴绿荫处，
惊恐欲念情，均为此影铸。
纵情与狂欢，期望与疑惧，
大地有此影，狂澜永不住。

我引华滋华斯这首诗为的是要说明现代科学赋予我们思想的自然观念是如何地令人惶惑而迷惘。华滋华斯天资超绝，表达出了我们感认中的具体事实，这些事实都被科学分析歪曲了。科学的标准概念会不会只在一定的限度内才具有真实性，而这限度对于科学本身来讲也都嫌太狭窄了呢？

雪莱对科学的态度和华滋华斯刚刚相反。他喜爱科学，并在诗中一再地流露出科学所提示的思想。科学思想就是他快乐、和平与光明的象征。化学实验室之于雪莱正好像山峦之于青年的华滋华斯一样。不幸的是人们对雪莱的评述在这方面太不近于雪莱的本性了。他们认为这是雪莱个性中一种无足轻重的怪僻。其实这正是他思想的主要特点之一，而且始终贯穿在他的诗里。假如雪莱晚生一百年，到20世纪再降临到世界上来，他肯定会成为化学家中的牛顿。

如果要对雪莱在这方面的遗迹加以估价，就必须体会他是如何地专注于科学的概念。能说明这一问题的抒情诗真是不胜枚举。我只要举出抒情诗剧“解放了的普罗米修斯”的第四幕就够了。在这诗剧中，地球与月亮用很严格的科学语言在作对话。他的想象被物理实验引导着。例如地球有这样一句惊叹语：

气化凌霄不可羁！

这就是科学书籍中“气体膨胀力”的诗化。我们不妨再看看“地球”这一段诗：

夜塔矗天立，吾身运转低。
酣眠销魂呓语喜，好梦少年轻叹息。
丽质荫身处，光热永相随。

这一段只有心目中首先具有一幅确定的几何图像的人才写得出来。而这正是我经常在数学班上证明的图像。作为证明的迹象来说，最值得注意的是最后一行。这里面用一种诗意的想象烘托出光明环绕着夜之塔的境界。没有上述图像在心的人是想不出这个概念的。这首诗以及其他诗篇都充满着这种情调。

这位诗人是如此地同情科学并沉醉于科学的概念，因之对于科学中的次级的原理便只能嗤之以鼻，而这种原理对科学的概念说来却是非常重要的。雪莱眼中所看到的自然还保持着它的美和声色。他所看到的自然本质上是一种机体构成的自然界，并以知觉经验的全部内容为张本而运行。我们完全习惯于对正统科学理论采取不闻不问的态度，所以这里面蕴涵的对正统科学理论的批判便很难看清楚。如果说有人曾严肃地对待这一问题，那便是雪莱本人。

此外，关于自然表象的混合问题，雪莱和华滋华斯的态度是完全相同的。他有一首题名为“白山”的诗，开头写道：

急浪拍心灵，
万物长流逝。
波涛明灭微芒中，
晦暗过处异彩生。
奥义从此出，
思维如泉蜿林中。
古木啸风急，
冲波绝壁惊。
瀑布倒挂三千丈，
咽幽流泉声不闻。

雪莱这几行诗很清楚地涉及了某种形式的唯心主义，可能是康德派的，可能是柏克莱派的，也可能是柏拉图派的。但不论你怎样解释，他在这儿总是强有力地证明了一个无所不包的包容统一体，它构成了自然本身。

柏克莱、华滋华斯、雪莱对于科学中的抽象唯物论都十分坚决地从直觉上表示拒绝。

华滋华斯和雪莱对自然的处理法存在着一个极饶趣味的区别。这一区别就正好提出了我们所要考虑的问题。雪莱认为自然似乎是被仙人点化了似的，在变化、分解、变形。他描写落叶在秋风前飞舞时说它有如

幽灵趋避法师咒。

他的“云”那首诗，灵感就是由水的物态变化而引起的。诗的主题是无尽无休、永恒不息、不可捉摸的事物变化：

我变而不灭。

这是自然的一个方面——不可捉摸的变化，这种变化不但表现为空间的运动，而且表现为内部性质的变化。这就是为什么雪莱要把他的重点放在不灭之物的变化上。

华滋华斯出生在荒瘠不毛的山峦之中，这些地方很少有季节的变化。缠绕在他心头的是自然无边无际的永恒性。对他说来，变化是持续不变的背景上偶尔发出的意外而已：

海洋寂无声，

远处忽闻希伯来人语。

任何分析自然的理论体系都必须面对这两个事实：变化与持续。此外还有第三个相伴随的事实，我称之为永恒。山是持续的。但年湮代久以后就将浸融消失。如果有复生的山再起来，那也是一个新的山。但颜色则是永恒的。它像幽灵缠绕着时间，倏然而来倏然而去。不论到哪里，它永远是同一颜色。它既不能生存，也不能后死于任何东西，只是在有需要的时候就出现。但山跟时间与空间的关系则和颜色不同。在前一讲中我主要谈的是我所说的事物与时—空的永恒关系。这种讨论在我们进一步谈到持续的事物以前，是一个必要的步骤。

我们必须回想一下这种讨论步骤的基础。我主张哲学是对抽象概念的批判。它的作用是双重的：第一是从抽象的观点使抽象概念获得正确的相对地位，从而取得谐和。第二是用宇宙中比它们本身更具体的直觉来作直接的比较以完成它们，因而促进更完整的思想体系的形成。伟大诗人的证言正好是在这种直接比较上才具有极大的重要性。这些诗句能流传千古就证明它们表现了一种深刻的人类直觉，洞察到具体事物的普遍性质中去了。哲学不像某些科学一样，具有自身的一套狭小的抽象概念体系，并自行改进。力求完整。哲学是考虑各种科学的学问，特别是要使各种科学变得谐和与完善。在这一问题上，它不但运用了各种科学的证据，而且运用了本身求证于具体经验的方式。它把具体事物提到科学面前来了。

19 世纪的文学，尤其是英国的诗歌，证明了人类的审美直觉和科学的机械论之间的冲突。雪莱生动地描述了盘桓在内在机体变化之上的永恒感官对象是如何地变幻莫测。诗人华滋华斯则把自然当成持续不变的场所，并认为其中包含着奥妙莫测的灵机。这里面还存在着他的永恒客观：

陆地与海洋，未曾见此光。

雪莱与华滋华斯都十分强调地证明，自然不可与审美价值分离。从某种意义上讲来，这种价值是整体对各部分的卵翼抚育累积起来的。因此，我们从诗人那里便得出一种说法：一种自然哲学必须研讨六种概念：变化、价值、永恒客体、持续、机体和混合。

我们可以看出，19 世纪初期文学上的浪漫主义思潮，正像一百年前贝克莱在哲学上的唯心主义运动一样，都不愿局限于正统科学理论的唯物概念之中。在这一系统讲演中，当我们谈到 20 世纪时，我们将看到，科学本身在内部发展的驱使下，也有一个改组概念的运动。

假如我们没有确定这种概念的改组是在客观主义的基础上进行的，还是在主观主义的基础上进行的，我们就没法进行讨论。所谓主观主义的基础，指的是一种信念，它认为：我们直接经验的本质是具有这种经验的主体在知觉上的特征所产生的结果。换句话说，这种理论认为，被感知的印象不是一般独立于认识行为以外的一批事物的局部观，而是认识行为所显示的个体特征。因此，认识行为的多样性所共有的东西就是与之相连的判断。同时，虽然有一个共同的思想世界和我们的感性知觉相联系，但却没有一个共同的世界作为思想的对象。我们所思索的是一个共同的知觉世界，它可以毫无区别地应用到只属于个人的个体经验上。这种观念世界最后将在应用数学的方程式中获得完整的表现。这是极端的主观主义论点。自然也有一种中间派相信知觉经验确实可以把一个共同的客观世界告诉我们；但被感知的东西只是现有世界的产物，其本身并不是共同世界的要素。

还有一种客观主义的论点。这种理论认为我们感官所感知的实际要素本身就是共同世界的要素。现存世界是事物构成的一个复合体，其中包括我们的认识，但又超于我们的认识之上。根据这种看法，被经验的东西应与有关它们的知识分别开来。由于知识依赖着事物，所以事物为认识铺平了道路，而不是认识为事物的存在铺平了道路。要紧的是被经验的实际事物，进入一个超越于认识之上但又包括着认识的共同世界之中。中间派主观主义者认为被经验的事物只是由于它们依赖于认识行为所在的主体，才间接地进入共同世界。客观主义者则认为被经验的事物和认识的主体在平等地位上进入共同世界。在这几次讲演中我将根据我个人的看法讨论适应于科学与人类具体经验的需要的客观主义哲学的中心内容。我们先不详细地批判各种形式的主观主义所引起的困难：大致说来，我认为这种说法不可靠的理由有三个。第一个困难是由于直接探询知觉经验而引起的。从这个探询中可以看出，我们是处在色、声以及其他感官对象所组成的世界之内，这些感官对象在时间与空间中与持续的客体如石头、树、人体等相联系。我们本身看来也和其他被我们感知的事物一样，是这个世界中的要素，但主观主义者，甚至连温和的中间派主观主义者也认为上面所说的这种世界以一种直接超越于朴素经验之上的方式依赖于我们，但我认为最后还是应当诉诸朴素的经验。这就说明我为什么要这样强调诗歌的证据。我的看法是，在感性经验中，我认识的东西离开并超越了我们自身的人格。但主观主义者则认为在这种经验中，我们只知道自己的人格上发生的事情。中间派主观主义者则把我们的人格置于我们所认识的世界和他所承认的共同世界之间。在这种人看来，我们所认识的世界是处在我们人格后面的共同世界，由于对人格施加压力所产生的一种内在紧张状态。

我不相信主观主义的第二个理由是根据某些特殊的经验内容。历史知识告诉我们，地球上曾经有许多世纪，据我们所知根本没有生物存在。同时也告诉我们，有许多恒星系统的详细历史一直还在我们的知识领域之外。就说地球与月亮吧。试想地球内部和月球的另一边到底在做些什么事情呢?！我们的知觉让我们作出这样的推论：在星球上、在地球的内部、在月亮的另一边，都有事情在发生着。同时也告诉我们在远古的世纪中也有事情在发生。但这许多看来肯定已经发生过的事情有些是不知道详情，有些是根据推论的证据复构出来的。在个人经验的这种内容前面，我们很难相信被经验的世界是我们自己人格的一种属性。我的第三条理由是根据行为的本能。如果感性知觉可以对处在个体以外的事物提供知识，那么行为似乎就被导入了一种自我超越的本能。行为超出了自我而进入已知的超越世界。唯有在这里,终极目的才有其重要性。因为这不是中间派主观主义者所主张的那种由后面推动并进入隔膜而不可认识的世界中的行为。这是对已知世界的既定目的的行为,但却又是超越自我和处于已知世界以内的行为。因此,已知世界超越了认识它的主体。

有些人企图对物理学上最近出现的相对论作出一个哲学解释,主观主义的说法在这些人中十分流行。感性世界依存于个别感知者的说法,似乎更容易说明其中所包含的意义。除了那些认为自己单独在虚无之中能构成整个宇宙的人以外,所有的人都需要回溯到某种客观主义的论点上去。我很难理解,如果没有感性的共同世界,思维的共同世界何以能成立。这一点我不打算细谈,但没有思想的超越或感性世界的超越,我就很难看出主观主义者怎么能避免其限于自身的状态。中间派主观主义者似乎也不能从他那背景中的不可知世界得到任何帮助。

实在论与唯心论之间的区别和客观论与主观论之间的区别不同。实在论和唯心论者都可能从客观的观点出发。他们都承认从感性知觉中所认识的世界是超越于个别感受者之上的世界。但当客观唯心主义者分析现存世界所牵涉的实在性时,就发现认识的精神作用在某种方式下完全包含在每一个细节中了。但实在主义者则不承认这一点。所以这两种客观主义,不到最后的形而上学问题时是不会分家的。两者之间有许多共同之处。这就是我为什么在上一讲中说我采取了一种临时的实在主义的缘故。

过去有人认为客观主义的理论必须接受古典的科学唯物论以及其简单空间位置的说法,因此客观主义便受到歪曲。根据这种说法，我们必须认为有第一物性和第二物性的区别。因此，处理感官对象这种第二物性便须从主观主义的原则出发。这是一种动摇不定的论点，很容易被主观主义批判论所俘虏。

如果我们把第二物性包括在共同世界中，那么我们的基本概念就必须有一个彻底的重新组合。我们的经验中有一个明显的事实，就是我们对外在世界的理解绝对必须依靠人体内部的事素。在人体上施以适当的技巧后，便几乎可以使他感到或不感到任何东西。有些人提出意见说，人身、大脑和神经在这完全虚幻的世界当中似乎是唯一实在的东西。换句话说，他们用客观主义的原则来对待人体，而以主观主义的原则来对待世界的其余部分。这是说不通的。尤其我们应当记住现在作为证据的是经验者对他人身躯的知觉。

但我们必须承认，人身这种机体的状况，调节着我们对世界的认识。因此，知觉统一体必然是身体经验的统一体。当我们认识到身体经验时，就必然认识到整个时—空世界反映在人体生活中的各方面。这就是我在上次讲演中所提出的问题的解答。我不打算再重复了，只是提醒读者一下：在我的理论中，必须完全放弃"事物在时—空中的基本形式是简单位置"这一概念。在某种意义上讲来，每一件事物在全部时间内都存在于所有的地方。因为每一个位置在所有其他位置中都有自己的位态。因此，每一个时—空的基点都反映了整个世界。

一般对于时间与空间的观念都事先假设有一定的简单位置，如果通过这种观点来理解我的理论，这说法便说不通。但如果从朴素的经验出发，这便是一种明显事实的转述。你本身在某一个地方感知事物，你的感觉便发生在你所在的地方，并且完全从属于你身体机能的发生方式。你的身体虽像这样在某一个地方发生机能，但却为你的认识展示出一定距离以外的环境中的一个位态。对这位态的认识逐渐地变为一般的知识，知道你的身体以外有事物存在。假如这种认识带来了超越世界的知识，就必然是躯体生命将宇宙中的一切位态统一在自身之中了。

这一说法跟想象力丰富的作家如华滋华斯、雪莱等人的自然诗中栩栩如生地表达出来的个人体验完全吻合。事物"未尝或离"的直接呈现是华滋华斯的固执概念。这个理论的实际效果解除认识的精神，使它不成为经验统一体的必要基础。在这儿，经验统一体存在于事件的统一体之中，伴随着这种统一体可能产生认识，也可能不产生认识。

在这一点上，我们又回到了原先探讨华滋华斯与雪莱的诗人领悟力所提供的证据时发现的那一个大问题。这一个问题已经扩展成为一批问题。与颜色、形状等永恒客观不同的持续事物是什么呢？它们何以能存在呢？它们在宇宙中的地位与意义怎样呢？换句话说：自然秩序中的持续稳定性的地位是什么？有一种概括的答案将自然及其本身背后的更大的实有联系起来。这一实有在思想领域中具有许多名称，如绝对、梵天、天道、上帝等。但描叙最后的形而上学真理并不属本讲演的范围。我所要说的只是有一种信念认为自然中存在着上述的秩序，而另外还有一种简易的假定，认为有一种终极的实有存在；为了消除迷惑，可以在一种不可解释的方式之下求助于这一实有。如果有一种总括的结论从前一种说法一下子跳到后一种说法，便是拒绝理性体现其自身的权利。我们必须探讨一下，自然在其本身的存在这一事实中，是不是表明它可以为自身作解释。这就是说：如果我们单单说明事物是什么，就可能包含解释的因素，而说明事物为什么是这样。这种因素涉及的深度可以超出任何能清晰了解的事物。在某种意义上说，所有的说法都必将以一种终极的武断说法终结。我的要求是这样；我们模糊地认识到，有一个境域是超出于我们清晰的认识能力之外的，作为理论出发点的终极武断事实，应当能显示出和这个境域同样的实有的普遍原则。自然表明其本身体现了一种服从着决定论条件的机体演化哲学。像空间的度数、自然法则、受因果制约的持续实有（即体现这些自然法则的原子和电子）等都是这类的条件。但这些实有的性质及其时间性与空间性，都必然表现出这些条件的武断性是超越于自然本身以外的更广阔演化的结果。自然在这一演化之中只是一个有限的样态。

一切实在的东西的性质中都普遍存在着一个固有的事实，即事物的转化；也就是从一个事物转化为另一个事物的过程。这种过程并不仅是分立的实有作直线式的演进。不论我们怎样确定一个受因果制约的实有，在我们的第一次选择中总是预先假定了某些东西的更狭窄的决定条件。同时在我们第一个选择之后也必然有一个更宽广的决定条件存在。第一个选择经转化后渐次变入这一决定条件。自然的一般位态是演化的扩张。某些名为事件的统一体都是事物实际性的发生态。像这样发生出来的事物又应当如何描述呢？这种统一体要是称为“事件”，便会使我们注意到与实际统一体相结合的固有转化性。但这个抽象的字眼并不能充分描述事物实在性本身的情况。我们只要稍微想一想，就能明白任何观念本身都不能自足。因为在各个事件中具有一定意义的观念必然代表着在实现过程中起作用的某些东西。因此，没有任何一个字能充分说明它。从另一方面说来，又没有任何东西是可以不表达出来的。我们只要想一想诗对我们实际经验的表达，就会理解到价值、成为价值、具有价值、本身成为目的、变成自为的事物等等，对于最具体的实际事件说来都没有任何理由可以省略。我把"价值"这个字用来说明事件的内在实在性。同时，在诗人的自然观点中也到处都充满了价值因素。我们只要把人生过程中到处都可以认识到的价值转移到体现过程本身的经纬中去就行了。华滋华斯的自然崇拜的秘密就在于此。因此，体现过程本身就是价值的达成态。但单纯的价值是不存在的。价值是限制的产物。因此，肯定而有限的实有便是形成达成态的选定样态。但除开形成个别的实际事物以外又没有其他的达成态。光是把现有的一切混在一起便会形成一种不定性的"不存在的实有"。但实在性体现的地方是持续的、不可转化的和实际的实有。这种实有受到了限制，只能形成它们本身而不能形成别的东西。科学、艺术或创造性活动都不能脱离持续的、不可转化的和有限制的事实。事物持续性的意义在于它自己保持住自为的有限达成态。持续的东西都是有限的、阻碍的和不可入的；它在环境中显示出自身的位态。但它并不是自足的。所有事物的一切位态都参与到它的本质中来。它只有把自身所在的那个更大的整体汇合到它本身的界限中才能成为其自身。反过来说，它也只有在本身所在的环境中安置自己的位态，才能成其为本身。演化问题是价值持续形态的持续谐和转入超出其本身的较高达成态的发展过程。审美的达成态交织在体现

过程之中。一个实有的持续代表着有限审美成就的达成态，虽然当我们追溯到它本身之外的外在效果时，它可能代表着一种审美的失败。纵使从它内部来看，也可能代表着较低级的成就和较高级的失败之间的冲突。这种冲突便是瓦解的预兆。

如果要对持续客体的本质以及其所需要的条件作进一步的探讨，就将牵涉到19世纪下半期盛行的演化理论。在这次讲演中，我要说明的问题是浪漫主义反作用浪潮时期的自然诗是为自然的机体观而发出的一种抗议，同时也是抗议把价值排斥于事实要素之外的做法。从这方面看来，浪漫主义思潮可以说是贝克莱主教一百年前提出的抗议的复活。浪漫主义反作用浪潮是为价值而发出的一种抗议。

第六章　论十九世纪

前一讲所说的都是英国浪漫主义思潮中的自然诗与18世纪流传下来的唯物主义科学哲学的比较。我曾经指出两种思潮之间完全不相合的地方。同时又曾进一步概述客观主义哲学，也就是将诗歌中所表现的，以及日常生活的前提中实际体现的人类直觉跟科学之间联系起来的客观主义哲学。随着19世纪的逝去，浪漫主义思潮也就渐次衰颓了。但它并没有消灭，而只是失去了思潮的清晰轮廓，流散在许多港湾之中，与人类其他的事物结合起来罢了。这个世纪的信念有三个来源：第一是表现在宗教复兴、艺术以及政治思潮上的浪漫主义思潮；第二是为思想开辟道路的科学跃进；第三是彻底改变人类生活条件的科学技术。

这三个信念的泉源，源头都在上一时代。法国大革命本身就是浪漫主义受到卢梭熏染后的第一个产儿。詹姆士·瓦特在1769年取得了蒸汽机的专利权。整个这一世纪，科学的进步都是法国和法国影响的光荣。

在这个时期刚开始的时候，各种思潮也同样交相辉映、彼此结合和互相对立。直到19世纪，这三种思潮才达到最高峰，并形成了滑铁卢之战以后60年间典型的平稳状态。

这个世纪不同于以往的特殊和新颖之处，是在工程技术方面。

这还不单是采用了几个孤立的大发明。我们不可能不看到这问题所牵涉的东西比这要多。比方说，文字这种发明便比蒸汽机伟大；但如果把文字的不断发展过程追溯一番，就会发现它和蒸汽机完全不同。这两种发明在前期都存在着一些不重要的和零星的早期形态，现在当然无法细谈了。我们必须把注意力集中在发展的有效时期。原因是两者的时间幅度相差得太远了。蒸汽机的发展大约是几百年，而文字的发展则有几千年了。同时，文字普遍流行以后，还没有预计到往后世界上的技术发展。那一段变化过程是缓慢的、不知不觉的和事先没有预料到的。

到 19 世纪以后，这过程就变成了迅速的、有意识的和预见性的。19 世纪上半叶是对待改变的新态度开始树立和巩固的时期。这是一个充满希望的奇特时期；过了六七十年以后的今天，我们就可以看出一种幻灭的情绪，或者至少是一种焦躁的情绪。

19 世纪最大的发明就是找到了发明的方法。一种新方法进入人类生活中来了。如果要理解我们这个时代，有许多变化的细节，如铁路、电报、无线电、纺织机、综合染料等等，都可以不必谈，我们的注意力必须集中在方法的本身。这才是震撼古老文明基础的真正新鲜事物。弗朗西斯·培根的预言已经成了事实。他说：人类以往有时梦想着自己的身份只比天使稍低一点儿，现在却认为自己既是自然的仆人，又是自然的主人。但同一个演员是不是能扮两个角色还有待证实。

这整个的变化是在新的科学知识基础上产生的。科学被人们认识到的地方多半是它的结果而不是它的原理，因而便显然成为实用观念的储存所。但我们如果要理解这个世纪发生了一些什么事情，那么把它比成一个矿藏便比储存所更恰当些。同时，我们如果认为科学概念的本质就是人们所需要的发明，因而只要拿起来就可以用，那便大错而特错了。在科学概念与发明中间隔着一个绞尽脑汁的构思设计阶段。新方法中有一个因素便是设法把科学概念与最后成果之间的鸿沟填起来。这是有组织有步骤地向一个又一个的困难进攻的过程。

现代技术首先是在英国由繁荣的中产阶级创造出来的。因此，工业革命便是从这里开始的。但德国人显然找着了其他的方法，可以达到科学矿藏中更深矿脉。他们放弃了杂乱无章的治学方法。他们的技术学校和大学中的进步并不依靠偶然出现的天才和碰巧的幸运思想。他们治学的功绩是19世纪举世殷羡的事情。这种知识的训练法不单能应用在技术上面，而且也能应用在纯科学上面，甚至还超出了纯科学的范畴而应用到一般治学问题上去。这代表着由兼业工作者走向专业工作者的转变过程。

世间经常有许多人把毕生精力都贡献到思想的某几个领域中。尤其是法律家和基督教的神职人员都显然有这种专化人物。但直到19世纪人们才完全有意识地认识到知识在其一切部门中专业化的力量，找到了培养专家的方法，认识了知识对技术进步的重要性，发现了抽象知识和技术进步相联系的方法，并且也看到了技术进步的无限前程。这一切事情，直到19世纪（主要是德国人）才彻底地做到了。

过去，人们是生活在牛车上，将来，人们会生活在飞机上，速度的变化简直达到质变的程度了。

实现这样的改变对于知识界并不完全有利。效率的提高固然是无可否认，但其中至少也包含着一个危险。这种新形势对于社会生活各个方面的影响，我将留待最后一讲再谈。现在只说明这种有秩序地发展的新形势，是这个世纪思想发展的基础。

在本世纪中，有四个新概念被介绍到理论科学中来。当然，我们大有理由把概念的数目增加到远远超过这四个。但我所要谈的只限于从最广泛的意义上对现代物理科学基础的建设工作具有决定性意义的概念。

其中有两个概念是互相对称的，我打算把它们并作一起来谈。我们所关心的不是其中的细节，而是它对思想的最后影响。

第一个概念是所有的空间，包括显然存在着真空的地方在内，都充满着物理作用场。这个看法曾在许多不同的形式之下被许多人想到了。记得中世纪有一句格言说："自然惧怕真空。"同时，十七世纪有一个时期，笛卡儿派的微粒旋涡说似乎已在科学假设中确立。牛顿相信引力是通过某种介质中发生的某种变化所引起的。但整个地说来，18 世纪并没有运用这些概念。光线的传播都用牛顿的方式解释，认为是细小的微粒在飞行。这当然就有真空存在的余地了。数理物理家都忙于推演引力理论的结论去了，根本没有工夫追究它的原因。他们纵使思考了这个问题，也摸不到寻找这个原因的门径。当时曾有人作过探讨，但意义不大。因此，在 19 世纪开始时，物理事素充满所有空间的看法，在科学中并不受重视。这一看法是在两个泉源中得到复苏的。第一个泉源是托马斯·杨和费涅尔所提的光的波动说获得了成功。这样一来，空间中便需要充满某种东西才能产生波动，因而便提出了以太作为充满空间的精微物质。第二个来源是电磁学说最后在麦克斯韦手

中变成了一种形式，要求空间应充满电磁事素。麦克斯韦的完整理论直到19世纪70年代才形成。但有很多伟大人物如安培、奥斯特、法拉第等，都是这个理论的奠基人。根据流行的唯物论观点看来，这些电磁事素也必须有一种物质作基础才能产生。因此以太又被搬出来了。接着麦克斯韦又证明光波只不过是他的电磁波中的一种。因此电磁波的理论便把光的理论并吞了。这是一种极大的简化，谁也不怀疑其中的真理。但对于唯物论说来则有一个不幸的结局。因为单就光本身来说，只要一种有弹性的简单以太就蛮够了；电磁波的以太则必须具有足以产生电磁事素的性质。事实上，在这些假定在事素下存在的质料只不过是徒具空名而已。假使你不是因为抱有某种形而上学理论，而假设有这种以太，你便可以抛弃它。因为它并没有独立的生命力。

因此，上一世纪的70年代，有几门主要的物理科学便是建筑在事先假定连续观念的基础上。但从另一方面说来，原子观也被道尔顿提出来，完成了拉瓦锡在化学基础上的工作。这是第二大概念。一般说来，物质被认为是由原子组成的，而电磁效应则被认为是产生在一个连续的场中。

这两种概念之间并不存在矛盾。第一，它们虽是对称的，但除开特殊的具体情况外在逻辑上并不矛盾。第二，它们应用到的科学领域也各不相同，一个是应用在化学中，另一个是应用在电磁现象中。当时这两种概念合而为一的迹象极少。

物质的原子观具有悠久的历史。说到这一问题，我们马上就联想到德谟克利特和卢克莱茨。如果说这些概念是新的，那也仅是一种相对的说法，这里所指的只是18世纪这概念被确定下来，形成科学的巩固基础这一阶段。在讨论思想史时，必须把决定时代特征的真正思潮和偶然被提到的不起作用的思想浪花区别开来。18 世纪，每一个受过良好教育的人都念过卢克莱茨的书，而且也具有原子的概念。但唯有约翰·道尔顿能使这一概念在科学思潮中起作用，这种作用巨大的原子观才是一种新的概念。

原子观的影响所及还不止是化学。细胞之于生物学家正好像电子、质子之于物理学家一样。除开细胞和细胞群以外就没有生物现象。细胞的理论被介绍到生物学中来和道尔顿提出原子理论同时而且彼此并无联系。两个理论彼此独立地体现了同一个“原子观”的概念。生物细胞的理论是渐次形成的，只要举出一些年代和人名就可以说明生物科学成为有效的思想体系仅是近百年来的事情：1801 年比沙创立组织学理论。1835 年约翰·穆勒描述了“细胞”并说明了有关细胞的性质与关系的各种事实。施莱登在 1838 年和施旺在 1839 年最后确定了细胞的基本性质。因此，大约到 1840 年，生物学和化学全都建立在原子观的基础上了。但原子观的最后胜利还有待这一世纪末电子说的出现。还有一件事也说明思想背景的重要性；道尔顿完成他的工作后将近半个世纪左右，另一个化学家路易·巴士德借用了同一原子观的概念进一步应用到生物学的领域中去。细胞说和巴士德的工作在某些方面比道尔顿的学说更富于革命性。因为它们把机体的概念介绍到微生物的领域中去了。当时曾有过一种把原子当作只能具有外在关系的最后实有的倾向。这种看法被门德列也夫的原子周期律的影响否定了。但巴士德显示了机体概念在极小领域中的决定性意义。天文学家给我们说明宇宙有多大，而化学家与生物学家则给我们

说明宇宙有多小。现代科学实践中有一个著名的长度标准，这标准是很小的。如果要取得这个长度就必须把一个公分分成一亿等分，然后取其中的一份。巴士德的生物机体比这个长度大多了。但在原子方面，我们现在知道这个长度对某些机体说来还是大得很不相称。

除开上述的一对概念外，这个时期的另一对新概念都和转化或转变有关；一个是能量守恒原理，另一个是演化原理。

能量守恒原理说明某一个量在变化之下的守恒观念。而演化原理所讲的则是由变化而产生新机体的现象。关于能量的原理属于物理学领域。关于演化的理论则主要属于生物学领域，但康德和拉普拉斯在讨论太阳和行星的形成时也曾提到过这种概念。

以上四个概念综合起来产生的效果，对科学的进步形成了一种新动力，使这个世纪的中期变成了科学成就的极盛时期。眼光清晰的人（他们显然错误了）这时便宣称，物理世界的秘密终于被揭穿了。如果你把不合实际的事物都扔到一边，那么你的解释能力就是无限的。另一方面，愚不可及的人则纠缠到最无法辩护的论点中去了。拥护新方法的科学家打垮了不顾决定性事实的旁征博引的武断主义。因此，这时除了技术革命所带来的惊人事实外，又加上了科学理论所显示的惊人景象。社会生活的精神与物质基础都在变化中。到了这个世纪的最后 25 年的时候，浪漫主义、技术和科学三个灵感的泉源都起了作用。

接着，几乎是突然出现了一个停滞时期。在最后 20 年中，这个世纪以第一次十字军东征以来思想舞台上最消沉的场面告终。这是 18 世纪的回光返照，但却缺少伏尔泰和法国贵族纵情潇洒的风度。这个时期是讲求效率、迟钝而委靡的时期。它只祝贺着专家的成功。

但我们如果回顾一下这一个停滞时期，就会发现其中也有改变的迹象。首先，现代系统研究的条件就不容许有绝对停滞的现象存在。在每一门科学里都有非常踏实的进步，而且还是非常迅速的进步。但这种进步总是只限于各门科学中已被接受的概念范围内。这是一个正统科学胜利的时期，它没有在约定俗成的东西以外受到其他思想的打搅。

从另一方面说来，现在我们可以看出，科学唯物论作为一个思想体系运用到科学中，已经不够完备了。能量守恒原理提供了一种新型的量的恒定。能量诚然可以看成是附属于物质上的东西。但无论如何质量的概念已经渐次地失去了它的突出地位，不再是唯一终极恒定的量了。往后我们可以发现质量与能量的关系颠倒了。物质变成了一定量的能相对于其本身的某种动态效应而言的名称。这一系列思想引导出一个概念，认为能是基本的，代替了物质的地位。但能仅是事象结构的量态名称。换句话说，它必须依靠机体发生功用这一概念。问题是如果不涉及简单位置中的物质这一概念是不是可以把机体描述出来呢？往后我还将仔细地论述这一点。

在电磁场方面也同样把物质推到后面去了。现代理论假定这种场中发生的某些事象根本不直接依靠物质。一般都假设一种以太作为基础。但以太并没有真正进入理论中来。因此，物质的概念又一次地失去了它的基础。同时，原子自身也转化成了一个机体，而演化理论也只是分析各种生物机体的形成与生存条件。诚然,这一晚期有一个极重要的事实,就是生物学的进展。这些科学基本上都是关于机体的科学。在当时和现在,较完整的科学这一荣誉是属于物理学的。因此,生物学便仿效物理学的方式。正统的观点有一种看法认为生物学只是条件较为复杂的物理机械论而已。

这论点有一个困难,就是目前对物理科学的基础概念出现了混淆看法。与此对立的活力论也具有同样的困难。因为在活力论中机械论(以唯物论为基础的机械论)的事实被接受了,另外又加上了一种活力控制来解释生物体的活动。我们可以明显地看到,各种似乎能应用到原子活动情况上去的物理理论,在目前的形式下彼此是不相符的。生物学援引机械论,从根源上说就是援引在表达一切自然现象的基础上能得到确证的和自相符合的物理学概念。但目前还没有这类的概念体系。

科学正形成了一种既非纯物理学,又非纯生物学的新面貌。它变成了对机体的研究。生物学是对较大机体的研究,而物理学则是对较小机体的研究。在这科学的两部门中还具有另一种区别,即生物学的机体包括着较小的物理学机体作为其组成部分。但目前还没有证据说明物理机体能分析成更原始的组成机体。这也许是能办得到的。但我们总会碰到一个问题,即是不是有一种不能进一步分析的原始机体呢。我们很难相信自然界可以无限制地分析下去。因此,一个科学理论如果抛弃唯物论就必须解答这些原始实有的性质是什么。在这种基础上答案只能有一个。我必须从事件出发,把事件当成自然事素的终极单位。事件与一切的存在都有关,尤其与其他事件有关。事件的混合是通过色、声、臭、几何性质等永恒客观的位态实现的。这些永恒客观是自然所要求的,但却不是从自然中产生。它们在某一事件之中形成组成成分时,将以限制另一事件的外观或位态出现。位态之间存在着相关性,而且也有位态的模式。每一个事件都符合于两种模式:第一种是该事件将其他事件的位态摄入其自身统一体的模式,另一种是其他事件将该事件的位态分别摄入本身统一体中去的模式。因此,一个非唯物主义的自然哲学将把原始机体看成被摄入某一实在事件统一体的特殊模式的发生态。这种模式也包括该事件被摄入其他事件,因而使其他事件受到改变或局部决定的位态。因此,一个事件便有内在的实在和外在的实在,也就是存在于本身范围之内的事件,或存在于其他事件范围之内的事件。因此,一个机体的观念便包括机体交互作用的概念。一般科学中关于传布与连续的概念,相对地说来,只是在时间与空间中实际观察这类模式时所看到的细节性质。我们在这里所持的论点是这样:一个事件的关系就其本身来说是内在的,也就是说这些关系是构成事件本身的要素。

在前一讲中我们也得出了一个看法,即实际事件是自为的达成态。或者说,实际事件是各种不同的实有由于在该模式中具有真正结合性,因而被摄入一个价值之中,并且排斥其他实有的过程。这不仅仅是不同的东西在逻辑上的结合。果然如此,我们便可以把培根一句话稍微变动一下说:"一切永恒客观要素都将彼此相同。"这种实在性意味着每一种内在的实质(也就是每一种永恒客观本身)都和以事件为其发生态的某一有限价值有关。但价值的重要性各有不同,因而每一个事件对于事件群说来虽然都是必需的，但它所贡献的分量则由其本身内在的东西所决定。现在我们必须讨论一下这种性质是什么。实际的观察说明这种性质可以毫无区别地称为保持、持续、重现等。这一性质就是价值在实在的转变中恢复原始永恒客观要素所具有的自我同一。如果整个的事件重复前后相承的一系列组成部分所表现的某种形式，价值的某种形式（或形态）便在一个事件内产生重复现象。因此，不论你怎样根据各组成部分在时间过程中的流变来分析事件，你总会看到同一个自为的事物。同时，事件在其本身的内在实在中，反映了体现在其整体内的同一模式价值从它本身的各部分获得的位态。它就像这样在一个持续的个别实有的外貌下体现了自己，并在本身之中包含着自己的生命史。同时，这种事件反映在其他事件中的外在实在，也具有同一持续的个性。只是在这种情形下，个性是它的位态在组成环境的外界事件之内的重现。

这种事件的全部时间延续具有一种持续的模式，构成了它的外表现时。在这种外表现时下，事件作为一个整体体现出来。这时它也体现为自身各时限性部分的一些位态的总和。在整个事件中体现出来的是同一模式，这一模式由许多不同的部分通过各该部分被摄入整个事件的结合性中的位态而表现出来。同一模式的早期生命史也是由它在这整体事件中的位态表现出来的。因此，在这种事件中，便具有一种对它本身的主要模式的先期生命史的记忆，这种先期生命史在它本身的先期环境中构成了一种价值要素。一个持续事物内部具体包容的生命史可以分析为两个抽象概念：一个是持续实有作为实际事物产生出来，而对其他事物发生影响，另一个是潜存的实现能力个体化的体现。

对事件一般流变的探讨使我们分析了永恒的潜能,在这种潜能的本质中,存在着一种对任何永恒客观要素的展示。这种展示形成了产生出个别思想的基础,这些个别思想作为“思想位态”被摄入更精微、更复杂的持续模式的生命史中。在永恒活动的本质中,也必然和个别情形一样可以从理想的状态中展示到从永恒客观要素的真实结合性中产生的一切价值。这种脱离一切实在的理想状态,是没有任何内在价值的,但作为目的中的要素则有价值。个别事件对这种理想状态的位态的个体化包容所取的形式,就是个别具有内在价值的思维。这种价值的产生,是由于这时思维的理想位态和事素过程中的实际位态具有一种真正的结合性。因此,潜存的活动脱离了实在世界的实际事物,便不具有任何价值。

把这一系列思想综合起来讲,潜存活动如果脱离体现这一事实来观察,便具有三种展示。第一是永恒客观的展示。第二是永恒客观综合时可能具有的价值的展示,最后是实际事物必然进入整体状态的展示,这种整体状态加上未来时就可以实现。但永恒活动脱离实际性,就失去了价值。因为实际性就是它的价值。从持续客体上产生的个别知觉,将根据模式支配其本身道路的方式而有深浅的不同。它可能只代表最微弱的漪澜,把一般的潜能加以区分;也可能跑到另一极端,进入有意识的思维,这思维包括着把各种理想结合性状态中所具有的价值的抽象可能性提到自觉的判断面前来。这两极端之间的中间状态,则是环绕着个别知觉不自觉地展示某一现时的体现可能性而产生的;这一体现可能性从可包容的实际位态说来,代表着最近似于它本身的最近过去时的形态。物理定律代表着这个独特的决定原则中所产生的发展的协调。因此,动力学就被最小作用量原理支配了,其中的详细性质必须经过观察才能得知。

物理学中所讨论的原子性的物质实有,就是这些个别的持续实有只看它们彼此在决定对方的生命史过程的交互作用,而不看其他任何东西时的情形。这种实有一部分是继承它们本身过去的位态而成的。另一部分则是环境中的其他事件的位态所形成的。物理学定律就是揭示这些实有之间如何交互作用的定律。对物理学说来,这些定律是武断的,因为这种科学已经抽象地脱离了实有本身的情况。我们已看到实有的本身情况可能受到环境的修正。因此,如果一种环境与这类物理定律能适用的环境具有很大的差别,而我们又认为同类定律在后一种环境中不必修正的话,那么我们的看法便是非常不妥的。对这些定律说来,物理实有可能在很重要的方面受到修正。它们还可能发展成更基本的个体形态,并具有更宽广的展示。这种展示可能达到一种达成态,提出多种价值,其选择超出子物理定律之外,只能用目的来表达。除开这种较疏远的可能性以外,还有一个直接的推论:即个别实有的生命史,是更大、更深、更完整的模式的生命史中的一部分。个别实有的存在可能受较大模式的位态支配,并经受较大模式本身所发生的修正。这种修正反映到个别实有中时即成为其本身存在的修正。这便是机体机械论。

根据这个理论,自然规律的演化和持续模式的演化是协同一致的。因为宇宙的现存一般状况,部分地决定了一些实有的本质,而这些实有的机能样态正是表现为这些规律。总的原则是:在新的环境中,就有旧的实有演化成新的形式。

当我们把彻底的自然机体论像这样很快地加以概述之后，就可以理解演化论的主要要求是什么。19 世纪末叶这一停滞时期所进行的主要工作，就是科学各部门都吸收这一原则作为主要的方法论。当时有许多宗教界的思想家曾盲目地反对这种新理论。这也可以说是对急躁、肤浅思想的一种惩罚。其实彻底的进化哲学和唯物论是不相容的。原始的质料，或唯物论哲学用作出发点的质料，是不能进化的。这种质料本身就是最后的实体。从唯物论看来，“进化”这一名词就等于是描述各部分物质之间的外在关系的变化。这样，可供进化的东西并不存在了；因为一套外在关系和另一套外在关系之间是无分轩轾的。可能出现的只是无目的、不进化的变化。但现代理论的基本精神就是说明较简单的前期机体状态进向复杂机体的进化过程。因此，这一理论便迫切地要求一种机体观念作为自然的基础。它也要求有一种潜在的活动（实体活动）表现在个别体现状态之中，并在机体达成态中发生演化。机体是价值发生态的单位，是为本身而发生的永恒客观性状的真正组合。

因此，在分析自然本身的性质时，就会发现机体的发生态依存于一种选择活动，这种选择活动和目的很接近。尤其是持续的机体在这种情形下便是进化的产物。而且在这种持续机体以外便没有能持续的东西。在唯物论看来，质料（如物质或电）是持续的。在机体论看来，唯一的持续性就是活动的结构，而这种结构是进化的。

因此，持续的事物便是时间过程的产物，而永恒的事物则是这过程存在所必需的要素。我们可以用下列方式给持续下一个确切的定义：假定事件A充满了持续的结构模式。于是A便可以全部复分为在时间上前后相承的一系列事件。又假定B是A的一部分，并且是从复分A而成的一系列事件中随便挑出来的一个。因此，持续模式便是A统一体所包容的完整模式中的一个位态模式。同时它也是A的任何一个时限片段（如B）所包容的完整模式之一。例如，分子是一分钟内产生的事件所表现的一个模式，便同时也是这一分钟之内任何一秒钟上产生的事件所表现的一个模式。显然，这种模式的重要性可大可小。它可能只表现在这种情形下个体化的潜在活动的某些细小事实，但也可能表现某些非常紧密的关联。如果一个持续模式仅是从外在环境的直接位态中导引出来的，反映在不同部分的基点中，那么这种持续状态便只是一个不重要的外在事实。但如果一个持续模式完全是从该事件各个时限片段的直接位态上导引出来的，那么这种持续性便是一个重要的内在事实。它表现了某种性状上的统一，统一了潜在的个体化活动。因此便有一个持续的客体，这种客体对它本身和自然的其余部分都具有某种统一性。我们不妨称这类的持续性为自然持续性，所以自然持续性便是把一连串事件组成的历程中传递下来的某种性状的同一性不断加以承继的过程。这种性状属于整个过程，而且也属于过程中的每一个事件。这便正好是质料的性质。如果某质料存在过10分钟，那么它在这10分钟之中的每一分钟都存在过，而且在每分钟的每一秒钟上也都存在过。如果你把资料看成基本的，那么，持续性便是自然秩序基础上的一个武断的事实，但如果你把机体看成基本的，那么这性质便是进化的结果。

初看起来，一个自然客体既然具有承继其本身性状的过程，似

乎就可以独立于环境之外了。但这种结论是没有根据的。假定 B 和 C 是这种客体的生活史中的两个连续的时段，而且 C 承接着 B。那么 C 的持续模式便是从 B 那里继承过来的，同时也是从其他类似时段中继承过来的。它通过 B 而传递到 C。但传递给 C 的是从 B 事件中导伸出来的完整位态模式。这种完整模式包括着环境对 B 以及该客体生命史中其他早期部分的影响。因此早期生命史中的全部位态，便作为在整个生命史的各个时期中始终持续的部分模式而被承继下来。因此，有利的环境对于自然客体的延续是极其重要的。

据我们所知，自然具有极大的持续性。其中有一般物质的持续性。地质学家所知道的最古老岩石中的分子，可能已经毫无变化地存在 10 亿年了。它们非但是本身没有变，而且相互之间的位置也没有变。在这样一段漫长的岁月中，以黄色的钠光的频率振动的分子脉动数总共是 $16.3\times10^{22}=163000\times(10^{6})^{3}$ 左右。直到不久以前原子看来还是不可分裂的。现在我们知道的比较多，但不可分裂的原子又被似乎不可分裂的电子和质子接替了。

还有一个必须解释的大问题，实际上不可分裂的客体何以彼此会这样相似？所有的电子彼此都是极其相似的。我们也不能超出证据的范围说它们是完全相同的，但我们的观察并不能发现任何差别。在这种意义下，一切的氢核便都是相似的。我们也看到了大量这种类似的客体，简直可以说俯拾皆是。看来一定程度的相似是持续的有利条件。根据常识也可以得出这个结论。机体如果要存在下去，就必协调。

因此，进化机构的关键在于，必须有良好的进化环境，加上稳定性大的特种持续机体的进化。任何自然客体如果由于自身的影响被坏了自己的环境，就是自取灭亡。

如果要造成一种有利的环境以适应个别机体的发展，最简单的方式是：使每个机体对环境的影响都有利于同一形态的其他机体的持续。同时，假如机体有利于同一形态的其他机体的发展，那么你就取得了一种进化机构，适于产生上述状态中的具有高度持续力的大量同类实有。因为环境自然地配合种的发展，而种也配合环境发展。

第一个值得提出的问题是：有没有直接的证据，证明有这种持续机体发展机构的存在。在观察自然时，我们必须记住，它不单是有以永恒客观要素的位态为组成部分的基本机体，而且还有由机体组成的机体。现在，为了作简单解释，我们先不提任何证据就假定电子和氢核是这种基本机体。那么原子和分子便是较高形态的机体。它们也代表着一种紧密确定的有机统一体。但当我们观察较大的物质集合体时，有机统一体便退到后面去了。看来是模糊的和初步的。它确乎存在，但模式是模糊而不肯定的。它仅是一些效应的集合。当我们观察到生物时，模式的肯定性又恢复了，机体的性质便又突现出来。因此，无机物的典型定律主要是从混合的集合体上得出的平均统计数。这些远不能解释事物的根本性质，反而模糊了个别机体的个体性质。如果我们要解释有关机体的事实，我们就必须研究个别分子、电子或生物体。在前二者与后者之间情况比较混乱。现在研究个别分子的困难是对它的生命史知道得太少了。我们无法把一个分子作连续不断的观察。一般说来，我们所研究的只是分子的大集合体。至于个别分子，则只是有

时由伟大的实验家克服了极大困难偶然瞥见了一眼。这样也只是看到了瞬时效应的一种形态。因此，个别分子或电子发生机能的过程大部分是无法观察到的。

但在生物体方面，我们就能追溯每一个体的生命史。我们在这方面刚好找到所需要的那种机构。首先，这儿有同一物种的个体繁殖物种的现象。同时对于各种类或果实中的种子的持续也周到地提供了有利的条件。

然而，显然我把进化的机构解释得太简单了。我们发现生物还有共存物种，彼此互相提供有利的条件。因此，正好像同一种中的个体互相有利于对方一样，共存状态的种也是互相有利于对方。在氢核和电子上，我们也发现有初步的共存状态。这种成对共存是十分单纯的，同时其他对抗种类又不发生竞争，这就说明了我们在氢核和电子间所看到的巨大持续性。

因此，自然的发展机构中便包含着两个方面，第一是机体所适应的一定环境。19 世纪的科学唯物论就是着重这方面。从这种观点看来，生活资料的量是有一定的，因此便只有极有限的机体能利用它。环境的固定性支配了一切。因此，科学的结论便是生存竞争和自然选择。达尔文本人的著作在严守直接证据和保存每一个可能的假说方面，在任何时代都可以成为楷模。但在他的门徒中这种美德便不太显著，至于拥护他这种学说的人物就更差了。欧洲的社会学家和政论家的思想都沾染了一种习惯，常把注意力都集中在利益的冲突这一方面。有一种流行的看法，认为在决定商业利益和国家利益的行为时，如果把伦理观念完全抛开不谈，便是一种极坚定的现实主义作风。

进化机构的另一面是创生,这是被人忽略的一面。机体可以创生它自己的环境。在这一点上个别的机体是无能为力的。如果要产生足够的力量,便必须有机体合作的社群。环境在这种合作下,将产生与支付力量的大小相适应的可变性。这种可变性就将改变整个进化的道德面貌。

在不久以前和现在,都流行着一种混乱的看法。科学技术的进步使人类环境的可变性日益加强。可是人们却用一种只在固定环境论中才能找到根据的思想习惯来解释这种可变性。

宇宙之谜不是那样简单的。有一种恒定的位态,其中某种达成态永无止境地为着自身的缘故而复现。此外也有变为其他事物的转变位态,其他事物也可能价值较高,也可能价值较低。同时还有斗争和协调的位态。但浪漫主义式的残忍和浪漫主义式的自我否定都和实际的政治距离很远。

第七章 相对论

在本系统讲演的前几讲中，我们讨论了造成科学运动的先行条件，并将思想的进展从17世纪一直叙述到19世纪。到19世纪时，思想史如果按科学来分类，便分成了三个部分。第一部分是浪漫主义思潮和科学的接触，第二部分是该世纪早期科学技术与物理学的发展，最后一部分是进化论加上生物科学的一般进展。

在整整这三个世纪中，主要的情形是：唯物主义给科学概念提供了一个完备的基础。这方面实际上没有人发生怀疑。如果需要波动的概念，便提出以太作为波动的质料。为了说明这种说法所采取的全部假定，我概括地提出了另一种说法，即自然机体论。上一讲中已指出生物学的进展、进化论的出现、能的理论和分子的理论等，都迅速地破坏了传统唯物论作为完备基础的地位。但直到这个世纪末，还没有人作出过这种结论。唯物论一直居最高的统治地位。

现在这一世纪的情况是：关于质料、空间、时间、能等概念都产生了许多复杂的说法，旧传统假定的稳定性已经一去不复返了。很显然，它们不会保持牛顿遗留下来的那种形式，甚至也不会保持麦克斯韦遗留下来的那种形式。我们必须加以重新组织。现代思想的新形势的出现是由于科学理论超越了常识。18世纪所继承下来的是有组织的常识的胜利。这时已经抛弃了中世纪的幻想和笛卡儿的微粒旋涡说。其结果是充分地发展了宗教革命时期的历史革命中所产生的反理性潮流。这种看法的基础就是一般人可以用自己的眼睛或低倍显微镜所能看到的东西。它把需要测量的明显事物加以测量，并把需要总结的明显事物加以总结。比方说，它曾总结了一般关于重量与体积的概念。18 世纪初期就出现一种平静的信心，认为荒谬的说法毕竟被戳破了。但今天我们却走到了思想的另一极端。表面上荒谬的东西明天是不是会被证明成为真理，只有天晓得。我们实际上是大同小异地重复着 19 世纪早期某些情况，只是想象力的水平更高而已。

我们的想象力水平其所以会更高，并不是因为我们具有更精微的思维能力，而是因为我们有了更好的仪器。在过去 40 年中，科学界发生的最重要事件就是仪器设计的进步。这一进步有一部分是由少数天才人物如迈克尔逊和德国的光学家等创造出来的。同时这也是由于制造业，尤其是冶金业工艺过程的进步而产生的。现在设计者可以掌握各种物理性能不同的材料。所以他便有把握取得自己所希望的材料，并可以在极小的公差范围内制成自己所要求的形式。这使思想达到了一个新阶段。一种新仪器就像一次外国旅行一样，显示出事物的新奇组合。这种益处不仅是新添了一些东西，而是引起了一种转变。实验方面的发明创造的进展，也可能是由于国家有更多的人材流向科学研究的结果。不管原因是什么，近 30 年来精微而富于天才的实验大量地涌现出来了。其结果是在那些和人类日常经验相去很远的自然领域中累积了大量的资料。

有两个著名的实验，一个是伽利略在这科学运动开始的时候做的，另一个是迈克尔逊利用干涉仪在1881年完成的。后者在1887年和1905年又曾重复过。这两个实验都说明了我的论断。伽利略从比萨斜塔上将重物坠下，证明了重量不同的东西只要是同时放下就会同时落地。从试验的技术和仪器的精密度来看，这个试验在以往的5000年中随时都可以做。这儿所牵涉的概念只是重量和落下的速度。这在日常生活中都是非常熟悉的。克里特岛的敏诺斯王族从海岸边高高的城墙上把小圆石头向海里扔的时候，就可能熟习了这一整套概念。科学是从日常经验出发的，这一点特别值得注意。正是由于这样，它才很容易地和那次历史性革命的反理性主义基础结合起来。它不追究终极的意义，而只限于观察支配表面事物互相承接时的关联。

至于迈克尔逊的试验，就不可能在更早的时期里做出来了。它需要技术上的一般进步和迈克尔逊在物理实验方面的天才。它要决定的是地球在以太中的运动；同时它也假定光线是由一种波组成的，这种波的振动可以在以太中以固定的速度向任何方向传播。当然，地球是在以太中运动的，而迈克尔逊的仪器则随着地球运动。在仪器的中心有一道光被分开了。其中的一半沿着仪器走一段距离之后，再由仪器上的镜子反射回中心。另一半与前一半成直角地横过仪器走同样一段距离之后，也被反射回中心。像这样重新组合起来的光线被反射到仪器中的幕上。如果事先作了安排的话便可以看到干涉带，也就是许多黑线。这是由于两个半道光线射到幕的某一部分时，路程的长度差发生了微小的差别，因而使一道光的波峰填充了另一道光的波谷。这种路程上的差别将受到地球运动的影响。因为最后决定的标准是以太中的路程。因此，仪器既是随着地球运动，一半光线的路程将会由于地球运动的影响不同于另一半光线，而受到干扰。读者不妨设想自己在火车车厢里先沿着车身走一段，再横过车身走一段。然后请你在铁轨上把你的路程记下来，铁轨在这个比喻中就相当于以太。但地球对于光线说来，运动是很迟缓的。所以在这个比喻中你必须设想火车几乎是停下了，而你自己则在很快地运动。

在实验中，地球运动的效应应当会影响到干涉带在光屏上的位置。如果你把仪器转动一个直角，那么地球对两个半道光线的效应就将互换过来，干涉带的位置也会移动。我们可以计算出由于地球绕着太阳运动而产生的微小移动。此外，太阳通过以太的运动所产生的效应也必须加上去。仪器的精密性可以加以测验，我们证明这种移动的效果可以通过仪器观察出来。然而事实上却什么也观察不到。当你把仪器转过来时，并不产生任何移动。

从这里便可以得出结论道：要么地球在以太中便是永远静止的，要不然这个实验所根据的基本原理便有什么地方发生毛病了。在这个实验中，我们跟敏诺斯王的孩子们的游戏和他们的思想显然距离很远。以太、以太波、干涉、地球通过以太的运动等观念，以及迈克尔逊的干涉仪等，和日常生活中的经验都距离很远。这些虽然都比较疏远，但比起一般接受的关于这个实验无结果的解释还是要简单而明了得多。

这个解释的理由是一般科学中所运用的关于时间与空间的概念都太简单了，必须加以修改。这个结论是对常识的直接挑战，因为早期的科学只是把一般人的普通概念加以精化而已。像这样激烈地重新组合概念，除非是能得到许多其他观察的支持，否则是不会被人接受的。详情在这儿无法细谈。某种形式的相对论似乎可以用最简单的方式对许多事实进行解释。没有这种理论，每一个事实便都需要一个特殊的解释。因此，这一理论便不单纯地依靠在产生出它本身的那些实验上。

相对论这种解释的中心意义是这样：本实验中所用的迈克尔逊干涉仪这类的仪器，必须会记录出一种结果，说明光速相对于它本身来说具有同一固定的值。我的意思是说彗星上和地球上的干涉仪都会记录出一种结果，说明光速相对于其本身来说具有同一个值。这是显然说不通的，因为光通过以太运动时有一定的速度。因此，任何两个物体（如地球与彗星）通过以太运动时速度如不相等，那么就必然会使人预计它们相对于光说来具有不同的速度。比方说；如果有两辆汽车在路上行驶，一辆时速 10 英里，另一辆时速 20 英里。同时另外还有一辆汽车以每小时 50 英里的速度从这两辆车旁驶过，那么最后这一辆最快的汽车将以每小时 40 英里的速度驶过其中的一辆，并以每小时 30 英里的速度驶过另一辆。这情形在光说来便是这样；假如我们用一道光代替那一辆最快的车，那么它沿着路上传布的速度和它相对于被它本身超过的两辆车中任何一辆的速度都刚好相等。光速是非常大的，每秒钟大约有 30 万公里左右。我们对空间与时间必须具有某些概念，使得这种速度刚好具有这种特性。从这里可以看出，我们关于相对速度的一切概念都必须改变。但这些概念是我们关于时间与空间的习惯概念的直接产物。所以我们就回到原先的论点上来了，就是说，我们通常对于时间与空间的说法中有某种东西被忽视了。

现在我们习惯的基本假定是对空间赋予一种独特的意义、对时间也赋予一种独特的意义。因此，不论我们对地球上的仪器的空间关系赋予什么意义，对彗星上和在以太中静止的仪器也必须赋予同样的意义。在相对论中这一点被否定了。单就空间说来，如果你想一想相对运动的明显事实，便不难同意这一说法。但即使在这一点上，意义的变化也比常识所能同意的要深刻。不过，同样的要求对时间也提出来了。因此计算事件的相对次序和事件之间的时间间隔时，将会随着地球上、彗星上和以太中静止的仪器有所不同。这一说法就使我们轻信的头脑更加感到受不住了。关于这一问题我们无须深究，只要提出一个结论就够了。这就是说，由于地球和彗星的条件不同，时间和空间对两者都具有不同的意义。因此，速度对两个星体便具有不同的意义。总起来说，现代科学的假定是这样，任何东西相对于任何一种时间与空间的意义说来，如果具有光速，那么相对于任何另一种时间与空间便有具有同样的速度。

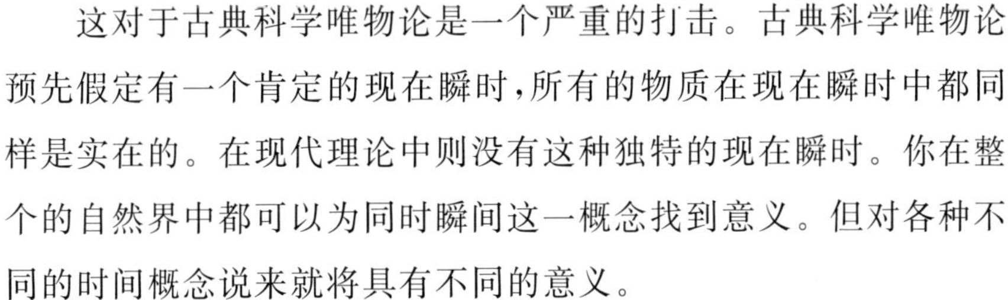

这对于古典科学唯物论是一个严重的打击。古典科学唯物论预先假定有一个肯定的现在瞬时，所有的物质在现在瞬时中都同样是实在的。在现代理论中则没有这种独特的现在瞬时。你在整个的自然界中都可以为同时瞬间这一概念找到意义。但对各种不同的时间概念说来就将具有不同的意义。

有一种人趋向于对这种新理论赋予一种极端主观主义的解释，也就是说时间与空间的相对性被说成似乎可以由观察者自行选择。其实如果加入观察者这一成分解释起来更方便，那样做便是完全对的。但我们所需要的是观察者的身体，而不是他的心灵。

而且他的身体的用途，也只是作为一个极常见的仪器而已。总的说来，我们最好是把注意力集中到迈克尔逊的干涉仪上，而不牵涉迈克尔逊的身体和心灵。问题是干涉仪的幕上何以有黑带，当仪器转动时干涉带何以不轻微地移动。新出现的相对论将时间与空间空前紧密地结合起来了。它假定时间与空间在具体事物上的分割可以通过许多不同的抽象样态来达成，同时也可以得出不同的意义。但每一种抽象样态都是把注意力导向自然界中的某种东西，因此便是把它分离出来以供思考。和这一实验有关的事实是，干涉仪和许多在自然实有中可以成立的时—空体系中只与其中的一种有关。

现在我们所要求于哲学的是对于时间与空间在自然中的地位问题给我们提供一个解释，以便有可能保存各种不同的意义。本系统演讲不能详谈细节问题。但我们还是不难找出时间与空间区别的根源。我事先假定的是自然的机体论，在前面我已经把这种理论概述为彻底客观主义的基础。

一个事件就是将位态模式摄入统一体的过程。一个事件在本身之外的有效性在于它的位态参与形成其他事件的包容统一体。如果被反映的模式只是将一个事件作为一个整体而附属于它，那么除开几何形状的系统位态以外，这种有效性便是微不足道的。如果模式在事件的相继各部分中持续下来，并在全体中显示出自己，以致使事件成了它的生命史，那么，由于这持续的模式，事件就获得了外在的有效性。原因是它本身的有效性被相继各部分的类似位态加强了。这事件形成了一个模式化的价值，并且有本身各部分所传承的持续。正由于传承的持续性，该事件对环境的修正才具有意义。

正是由于这种模式的持续性，时间才和空间分离了。这模式在空间中说来是**现在的**，这种时间上的决定便构成了它对各部分事件的关系。因为它在本身生命过程的这些空间部分的时间连续上被重复地产生出来。我的意思是说：时间次序的这种特殊作用容许模式在其本身历史的每一时段中重复产生出来。也可以说，每一个持续的客体在自然中发现并要求自然给予一个原则，将空间与时间分开。除开持续模式这一事实以外，这一原则也还是存在，但却只是潜在的，而且是无足轻重的。所以时间相对于空间的意义和空间相对于时间的意义，由于持续机体的发展而发展起来了。持续的客体表示空间在组成事件的模式上和时间发生了分化，反过来说，空间在组成事件的模式上和时间发生分化，就表示事件对持续客体的共体容忍性。共体没有客体可以存在，但持续客体如果没有对它们具有特殊容忍性的共体就不可能存在。

这一点绝不可误解。持续性的意思就是：一个模式如果表现在一个事件的包容体中，便同时表现在该事件按一定法则分开的各部分的包容体中。整个事件的任何一部分却并不像整体一样，产生出同样的模式来。我们不妨看看人体在一分钟的生命过程所表现的整个身体模式。例如：某一个大拇指在这一分钟中必然是整个身体事件的一部分。但这一部分的模式是大拇指的模式而不是整个身体的模式。因此，持续便要求有一定的法则来取得各部分。在上述的例子中，我们马上可以看出这法则是什么。在这一分钟的任何一部分里（如一秒或 1/10 秒），我们都必须从整个身体的生命史上着眼。换句话说，持续性的意义包含着时一空连续区中一段时间的意义。

在这里就产生了一个问题：是不是所有的持续客体从时间上分化出空间来时都具有同一原则？或者说，同一客体在本身生命史的不同阶段中，分化时—空关系的原则是不是完全一样呢？直到几年以前，人们都毫不犹疑地假定，可能找到的只有一个这样的原则。因此，从时间相对于某一个客体的延续性来看，就将和相对于另一客体的延续性具有同一意义。同时，空间关系也就必然具有一个独特的意义。但看来客体被观察到的有效性只能以这样的方式来解释，即假定作相对运动的客体在其持续性上所运用的时间与空间的意义是随客体而异的。每一个持续客体都被认为是停留在本身应有的空间中，它运动时所通过的任何空间都不是其特殊持续性所固有的空间。如果两个客体彼此相对地都处在静止状态，那么它们在表示其持续性时便运用着同一的时间与空间的意义。但如果彼此做相对运动，那么时间与空间就各不相同了。因此，当我们看到一个客体在其生命史的某一个阶段是在相对于其生命史的另一个阶段做运动时，这个客体在这两个不同的阶段中便运用了不同的空间意义，而时间的意义也相应地有所不同。

在机体论的自然哲学中，主张独特时间区分的旧假说和主张多种时间区分的新假说之间并没有什么区别，这仅是从观察中取得证据的问题[①]。

在前面的一讲中，说到一个事件有和它同时发生的其他事件。在这儿发生了一个有趣的问题：在新的假说下，是不是可以不修改

① 参看拙著："自然知识原理"，第 52:2 节。——原注

对一个肯定的时—空体系的看法而作这种说法呢？如果说，在某种时间体系下两个事件是同时发生的，那么这是可以办得到的。至于在另一种时间体系下，这两个同时发生的事件虽然可能部分重复，但却不会是同时的。假如在每一个时间体系下，某事件经常处在其他事件的前面，那么它就可以无条件地处在另一事件的前面。假如我们从某一既定的事件 A 出发，一般说来，其他事件就分成两类；一类是无条件地与 A 同时，另一类是在 A 之前或在 A 之后。但此外还有一类就是把以上两类连接起来的事件。在这儿便发生了一个临界状态。大家还记得我们有一个临界速度必须加以说明，即光在真空中的理论速度[①]。同时大家也记得，运用不同的时—空体系就意味着客体的相对运动。当我们分析了某一套事件对任何既定事件 A 的临界关系时，便找到了我们所要求的临界速度的解释。现在我把细节问题都撇开了。显然，确切的叙述要加入点、线和瞬时才能办到。同时，几何的来源也必须加以讨论；如长度的衡量、直线的直，平面的平，以及垂直性等都是。对于这方面的探讨，我曾在关于广延的抽象概念的书中提到过。但这题目太专门化，这儿无法讨论。

假如距离的几何关系没有一个确定的意义，那么引力定律就必须另作叙述了。因为表达这一定律的公式是两微粒之间的引力等于其质量的乘积乘以其距离的平方的倒数。这种说法，事实上假定引力被考察的那一瞬间具有确定的意义，其距离也具有确定的意义。但距离仅是一个纯粹的空间概念，在新理论中将根据所

① 不是光在重力场或分子与电子等所组成的介质中的速度。——原注

采取的时—空体系的不同而有许许多多的不同意义。假如两个微粒相对地处在静止状态，那么我们就可以满足于两者共有的时—空体系。但两者相对地不处于静止状态时，这说法就没有提出应采取什么步骤。因此我们必须重新制定这一定律，使它不预先假定任何特殊的时—空体系。爱因斯坦做到了这一点。当然，这样做的结果是更加复杂的。他把纯数学中的某种方法介绍到数理物理中来，使公式不必依靠任何特殊度量体系。这一新公式提出了许多牛顿公式中所没有的细微效应。但在大的效应上牛顿定律和爱因斯坦定律是相吻合的。爱因斯坦定律所增加的效应可以解释水星轨道的不规则情形，在牛顿定律中却是不可解释的。这一点有力地肯定了新理论。奇怪的是，根据多种时—空体系的新理论，能包含牛顿定律而又能解释水星运动特征的公式并不止一个。选择的方法只能等各公式发生差异的那些效应得出了实验的证据才能决定。自然界的情形可能完全不管数学家的审美选择的任何要求。

还要附带说明一点，爱因斯坦很可能抛弃我刚才向大家解释的多种时—空体系。他可以用时—空歪曲改变了量度性质不变的理论来解释他的公式以及每一个历程都有固有的时间的说法等等。但他现有的叙述方式在数学上说来更简洁，这种方式只容许一种引力定律，排斥了其他定律。不过我个人还是认为这无法和我们经验中关于同时性和空间排列的事实相调和。并且还有其他性质更抽象的困难。

关于事件间的关系，我们现在所得出的理论首先是根据一种原理，认为事件的关联性在一个事件本身说来完全是内在关系。

至于对其他关系对象，则不尽如此。比方说，像这样牵涉的永恒客体便只和事件具有外在关联。这种内在的关联性就说明了何以一个事件只能在它本身所在的地方，并且出现它本身所呈现的情况。换句话说，它只能处于一套固定的关系中。因为每一种关系都参与到事件的本质里，所以离开这种关系，事件甚至就不能成为其本身了。内在关系这个概念的意义正是如此。一般人通常甚至普遍地认为时—空关系是外在的。这里所否定的正是这种说法。

内在关联的概念需要把一个事件分成两个因素，一个是个体化的潜存实体活动，另一个是被个体化活动所统一的位态的综合。这种综合也就是进入该事件本质中的关联性的综合。换句话说，内在关系的概念需要将实体看成是将关系综合到自身的发生态性质中去的活动。事件所以能成为事件，就是因为它把多种关系综合到本身之中去了。这种相互关系的一般格架是一种抽象概念，它假定每一个事件都是一个独立的实有（实际上并不如此），然后再问这种构成关系还有哪些剩余部分在关系的方式下存留下来了。像这样全面地表现出来的关系格架，变成了一个事件综合体的格架，其中具有各种不同的关系；有些是整体与部分的关系，有些是各部分在一个整体中联合起来的关系。纵使在这儿，内在关系也还是迫使我们非注意不可，因为很显然，部分是组成全体的因素。同时，一个事件如果在所有的事件综合体中失去了地位，而成为孤立事件，那么它便被本身的性质所排斥而不能成为事件了。因此，整体显然对于各部分具有组成作用。而关系的内在性也诚然是通过这个全面的抽象外在关系格架表现出来的。

但当我们把有广延和可分割的实际宇宙作这种表现时，便把

时间与空间的区别抛开了。实际上也把体现的过程抛开了。这过程就是各种事件借以体现其自身的综合活动的调整。所以这种调整便是潜存活动实体的调整，这些实体由于这样调整而表现出个体化，或斯宾诺莎的唯一实体的样态。同时，时间过程也是由这种调整引起的。

因此，从某种意义上说，时间在综合体现过程中的调整性质上，超越了自然的时—空连续区范围①。在这种意义下，时间过程并不一定由一条单线式的连续过程组成的。因此，为了满足现代科学假说的要求，我们就提出一个形而上学的假说，认为时间不是这样组成的。我们根据直接观察，假定体现的时间过程可以分析成一群线状的过程。每一个线状过程都是一个时—空体系。为了支持这种确定线状过程的假设，我们将援引下列事实：(1)我们体外有广延的宇宙通过感官直接呈现在我们面前，并与我们同时存在，(2)对于感性认识领域以外现在直接发生什么现象的问题具有理性上的理解，(3)发生态客体的持续性中包含的内容的分析。客体的这种持续性中存在着现在所体现的模式的展示。这种展示是事件固有模式的展示，也是使永恒客体获得位态的自然界时段的展示，同时也可以说是永恒客体使事件获得位态。模式进入一个事件的本质后，便为这个事件而在整个时间延续中空间化。这事件就是整个延续中的一部分，也就是本身固有位态所展示的一切中的一部分。反过来说，延续便是与事件同时存在(在上述意义下的同时)的整个自然界。因此，事件体现其本身时展示出一个模

① 参看拙著：《关于自然的概念》第3章。——原注

式,这个模式需要一个由意义肯定的同时性所决定的确定延续。这种同时性的每一种意义都把这样表现出的模式和一个确定的时—空系统联系起来。时—空体系的实际性是由模式的体现构成的。但它被包含在事件的总格架中,构成它对体现的时间过程的容忍性。

应当注意的是模式所需要的延续牵涉到一定长度的时间,而不仅是一个瞬时。这样一个瞬时是更加抽象的,原因是它只表示具体事件之间某种连接关系。这样一来,延续便空间化了。所谓"空间化"的意义就是说,延续是被实现的模式构成事件性质的场所。延续作为其本身所包含的某一事件实现时所体现的模式的场所,便是一个时期,或滞留期。而持续则是模式在一系列事件中的重现。因此,持续需要一系列的各自表现着一个模式的延续。由于这个缘故,"时间"就从"广延"和"可分性"上分离出来了,这种"可分性"是从广延的时—空性上产生的。因此我们不能把时间看成广延性的另一形式。时间仅是时期性延续的连续。但因此而互相承接的实有则是延续。延续就是模式在某一特定的事件中体现时所需要的东西。因此,可分性和广延性便包含在某一特定的延续中。时期性的延续不是通过其相继的各可分部分实现的,而是随着各部分产生的。人们说,芝诺要是在世,可能会对康德的《纯粹理性批判》一书中某两段文字联系起来看时的真实性提出反对。但在这种方式之下,这一反对便会由于抛弃前一段而解决了。这里所指的两段都在"直观之公理"一节中。第一段引自"延扩(广延)的量"那一小节,第二段引自"强弱的量"那一小节。后一小节中把有关广延和强弱的量的一般讨论总结起来了。第一段的原文

是这样：

“在其部分之表象使全体有表象可能因而部分之表象必然先于全体之时，我名量为延扩的。盖我欲表现一直线，若不在思维中引长之，即由一点逐次产生其一切部分，则无论其如何短小，我亦不能表现之。仅有此种方法，始能得此直观。关于一切时间，不问其如何微小，其事亦正相同。盖在此等时间中，我仅思维自一刹那至另一刹那之继续的进展，由之经由其一切之时间部分及其所增加者，始产生一定之时间量。”

第二段是这样：

“其中无一部分能为最小者，即无一部分为单纯者，此一种之量之性质，名为量之连续性。空间时间皆为连续的量，盖因空间时间除其视为包围于限界（点或刹那）内者以外，不能得其部分，因而仅以此种情形得之即所得之部分，其自身仍为一空间一时间。故空间唯由无数空间所成，时间由无数时间所成。点与刹那，仅为限界，即纯为限制空间与时间者之位置而已。但位置常预想有其所限制或其所欲限制之直观；纯由位置视之，为能先于空间时间授予吾人之成分，则绝无空间时间能构成者也[①]。”

如果“时间与空间”是广延的连续区，我就完全同意第二段引文。但这说法和康德的前导者不相容。因为芝诺将提出反对说，这里面牵涉到一个无止境的循环论证。每一部分时间都包含着本身更小的部分，像这样一直推论下去是没有止境的。这一系列的过程最后就会追溯到无。因为开始的瞬间是没有延续的，只标志

① 以上两段引文见蓝公武译本第156页及157页。——译注

着与更早的时间的连接。因此，以上两段引文如果全都接受的话，时间就不可能成立了。我个人是接受后一段而抛弃前一段。体现就是时间在广延范围内的实现。广延是事件以其潜能形态而存在的综合体。在体现过程中，潜能就变了现实。但潜在模式需要延续，而延续则由于模式的体现必然表现为一个整个的时期。因此，时间便是可分和连续的要素本身的连续过程。延续变成时间性的延续时，就引起某种持续客体的体现。时间化就是体现。时间化并不是另一连续过程。这是一个原子式的连续过程。因此，虽然时间化的东西是可分的，时间本身则是原子式的，也就是成为一个一个时期的。这种理论是从事件的理论和持续客体的本质中推论出来的。在下一章中我们将讨论它和科学界中最近出现的量子论的关系。

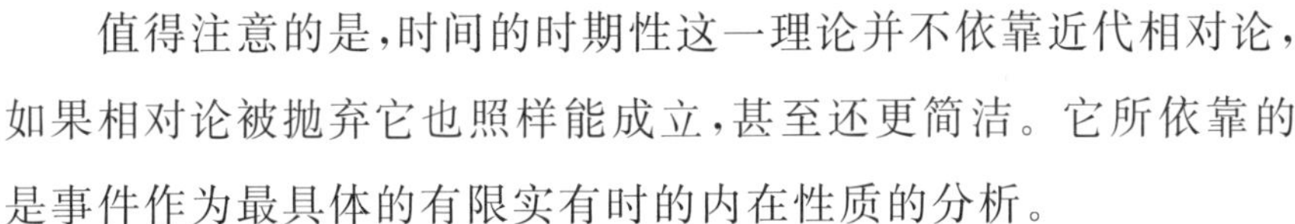

值得注意的是，时间的时期性这一理论并不依靠近代相对论，如果相对论被抛弃它也照样能成立，甚至还更简洁。它所依靠的是事件作为最具体的有限实有时的内在性质的分析。

总结以上的说法，首先应当注意的是，它所根据的第二段康德的引文，并不依靠康德的任何特别理论。这一段引文是符合于柏拉图而反对亚里士多德的[①]。其次，这一说法假定芝诺对自己的说法是理解的。他应当反对的是关于时间本身的流行见解，而不反对运动，后者牵涉的是时间与空间之间的关系。因为一切实现的东西都有延续。根据康德的前一说法，任何延续在其本身的部

① 参看 T. L. 希斯著，剑桥版，《希腊人中的欧几里得》一书关于“点”的注解。——原注

分没有成为现实以前，它就不能实现。但同一说法也能应用这一部分，并且可以一直像这样推论下去。这无限的过程也同样归于无，甚至符合亚里士多德的看法——没有第一瞬间存在。这样说来，时间就变成一个非理性的概念了。最后，在时期说中，如果把时间化看成整个机体的体现，芝诺的难题也就可以迎刃而解了。这种机体是将整个时—空连续区的时—空关系（不能在本身之内还是本身之外）一起包括在本质之中的事件。

第八章 量 子 论

相对论的理论引起了人们极大重视,这是理所当然的。它虽十分重要,但却不是近来吸引物理学界兴趣的主要论题。这个地位无疑地被量子论占据了。这个理论中有趣的地方在于,根据这种说法,某些可以渐增渐减的效应实际上都是以某种明确的跳跃方式增减的。这好像是说,你能每小时走三英里或四英里,但却不能走三英里半。

上述的效应牵涉到分子受到碰撞时所激发的发光现象。光是由电磁场中的振动所产生的波组成的,当一个完整的波经过某一点的时候,那一点上的一切东西便又恢复原状,准备接受随之而来的第二个波。大家不妨设想一下海洋里的波,把一个接着一个的波峰数一数。在一秒钟之内通过某一点的波数就是这一波动体系的频率。具有一定频率的光波体系就相当于光谱中的一定颜色。当一个分子受到激发时,便以几种固定的频率振动。换句话说,分子振动有一套固定的方式,而每一个方式都有一个固定的频率,它能在电磁场中激起与它本身频率相同的波。这种波带走振动的能,所以当这种波形成之后,分子也就失去了激发的能,随着波就停止了。因此,分子可以辐射出一定颜色的光,也就是可以辐射出一定频率的光。

大家也许会认为，每一种振动的方式都可以激发到任何强度；因之，这种频率的光便可以带走任何量的能。但实际上却不然。似乎有一种最小量的能是不能复分的。这情形就好像是一个美国人用国币付款时，无法把分币分成更小的单位来支付他所得到的最小分量的货物一样。分币就相当于光能的最小量，取得的货物就相当于激发原因的能。这种激发原因要么就强到能得到一分钱能的发射，要么就根本得不到任何能的发射。在任何情况下，分子都只能发射整分币数的能。另外还有一个特征可以用一个英国人来解释。这人如用英国货币来付款，其最小的单位是法寻。法寻的价值和分币是不同的，大约只及半分左右。在分子中，不同的振动方式具有不同的频率。我们不妨把每一种方式都比作一个国家；一个比作美国，一个比作英国。那么有一个方式便只能以整分币数的量辐射出能，因而一分钱的能便是它所能付出的最小量。至于另一种方式，则只能以整法寻数辐射出能，因而一法寻的能便是它所能付出的最小量。此外，我们也可以找出一个法则来计算某一方式中一分钱的能和另一方式中一法寻的能的相对价值是多少。这一法则简单得连三岁小孩子都能明白。因为每一个最小钱币的能的价值和该方式中的频率是严格地成比例的。根据这一法则来比较法寻与分币，美国频率将等于英国频率的二倍。换句话说，一个美国人在一秒钟之内所做的工作等于英国人的二倍。至于这情形和外间传说的两国人的性格是不是相同，就要让大家来评价了。最后我还要提出一点，太阳光谱的两端都被认为有一定作用，有时人们需要红光，有时则需要紫光。

我想量子论关于分子的叙述是不难理解的，迷乱的情形是由于把这个理论硬套到科学上关于原子与分子内部情形的一般描述中而产生的。

唯物论的基础是，自然界的事物应当用物质的空间运动来解释。根据这一原则，光波便要用物质性的以太的空间运动来解释，而分子的内部情况则必须以分立的物质所组成的部分的空间运动来解释。关于光波方面，物质性的以太退到后面一个不稳定的地位上去了。现在谈到它的人已不多了。但把这一原理应用到原子上则没有人怀疑过。例如，一个中性的氢原子被认为至少是由两团物质组成的，一团是包含着正电的物质的核，另一团是构成负电的单个电子。有迹象表明核的结构是复杂的，并说明可以重新分为更小的物质团，有些成为正电物质团，有些则成为电子物质团。这个假设的意思是说，原子中不论发生什么振动，都应归结到可以从其余物质上分离出来的一小片物质的振动式的空间运动。根据这种假说，量子论的困难就在于：我们必须把原子描绘成具有有限数目的凹槽作为振动发生的唯一轨道。然而古典科学的描述却没有这种凹槽。量子论所要求的是路线有限的电车，而科学的描述却只能提供在原野里奔驰的马。其结果是物理学上的原子理论很像哥白尼以前的天文学上的本轮说。

根据自然机体论说来，便有两种完全不同的振动。一种是振动式的空间运动，一种是振动式的机体变形。这两种变化的条件性质是不同的。换句话说，一种是整个模式的振动式的空间运动，另一种是振动式的模式变化。

机体论中的完整机体，相当于唯物论中的质点。有一种原始的属，包含着若干种机体。凡是这原始属中的种所包含的机体，都不可分解为次级的机体。这种机体我都称之为原始体,所以我们将有许多不同种的原始体。

我们必须记住现在谈的是物理学的抽象概念。所以我们心目中所想的便不是包容具体位态而形成模式的原始体本身,也不是原始体的具体位态被包容在环境内的关系。我们所想到这些位态时只是它们对模式和空间运动发生可以用时—空关系表达的效应时的情形。因此,在物理学说来,原始体的位态只是它加到电磁场中去的东西。实际上这正是我们所知道的关于电子与质子的一切。对我们说来,电子仅是它在环境中有关电磁场的位态模式。

现在讨论相对论的时候,我们就可以看出,两个原始体的相对运动,仅意味着它们的机体模式正在利用不同的时—空系统。假如两个原始体不继续处于相对静止中,或做相对匀速运动,那么其中至少有一个是在改变它的内在的时—空系统。运动定律所说明的是这些时—空系统发生改变的条件。振动式空间运动的条件便是以这种普遍的运动定律为基础的。

但有几类的原始体在导致时—空系统改变的条件下常常发生分裂。这些种类只有在不同种类的原始体之间造成有利的联合,以便让分裂的趋势被联合的环境抵消,它们才能具有长期的持续性。我们可以设想,原子核包含着大量不同种类的原始体,其中有些原始体是属于同一种类的,整个联合便有利于稳定。带正电的原子核和带负电的电子组成中性的原子便是这种联合的例子。中性的原子像这样就隔绝了电场。在其他情形下;电场是会要在原子的时—空体系中引起变化的。

物理学的要求提供了一个和机体哲学非常配合的概念。现在不妨用问答方式来讲：持续性的机体论是不是受到唯物论的熏染，以致毫无疑问地认为持续性必然意味着在有关的生命史中始终不分化的同一性呢？大家也许会注意到，我在前一章中把“重现”当成“持续”的同义语用。显然，这两个字的含义不完全相同。现在我要指出，重现与持续性发生区别的地方，正是重现更接近机体论的要求的地方。这种差别正好相当于伽利略派人物和亚里士多德派人物之间的区别。亚里士多德说“静止”的地方伽利略正好加上“或者是直线匀速运动”。因此，在机体论中，模式也不一定要在时间过程中维持不分化的同一性。模式可能是一个审美的对照，需要一段时间来展示自己。音调就是这样一种模式。在这儿，模式的持续便是对照的连续重现。这显然是机体论中最普遍的持续概念。“重现”也许是最能直接表达这一概念的字。当我们把这个概念转化为物理抽象概念时，马上就变成了关于“振动”的专门概念。这种振动不是振动式的移动，而是振动式的机体变形。近代物理学中有人提示，必须有振动实有才能解释物理界的基础中的微粒机体的作用。这种微粒就是从原子核中被排斥出来时所看到的那种微粒，排出后就变成了光波。我们也许会猜想，这样一个微粒单独存在时，它的持续性是不稳定的。因此，在一个不利的环境下，就将使它固有的时—空体系发生迅速的变化。换句话说，这种环境把它冲击得具有猛烈的加速度，使它分裂而化为同一振动周期的光波。

一个质子，甚至一个电子，都可能是这种原始体互相叠加的组合，其频率与空间维数当这种原始体被冲击得具有移动的加速度时，就能促进有机综合体的稳定。稳定性的条件，将使周期的联合

能产生质子。排斥原始体的冲击力,如果不使质子变成另一种组合,便一定是由于吸收了这种能而产生另一种原始体。

一个原始体的振动式机体变形必然具有固定的频率,所以在分裂时就能分解为同一频率的光波。光波则将其平均能量全部携走。作为一个特殊的假说来讲,不难想象出具有固定频率的电磁场的驻波振动。这种驻波围绕着一个中心往复辐射。根据公认的电磁定律这电磁场将包括一个振动的球形核,而满足某一套条件;还有一个振动的外场满足另一套条件。这就是机体振动变形的例子,根据这一特殊假说,有两种决定辅助条件的方式可以满足数理物理学的一般要求。其中一种方式,全部的能便可以满足量子条件,因此便包含着整数的单位或分币,而原始体每一分钱的能则与其频率成正比。以上我还没有把稳定性或稳定组合的条件描述出来。我提到这个特殊假说时,只是举例说明自然机体论使我们有可能重新考虑基本的物理定律,而与此相反的唯物论则不能如此。

在这种振动原始体的特殊假说中,麦克斯韦方程式被认为在所有的空间(包括质子内部在内)都能适用。这些方程式表示了在振动的方式下产生和吸收能的定律。每一个原始体所经过的全部过程都产生某种本身所特有的,并与其质量成比例的平均能量。实际上能就是质量。在原始体的内外,都有振动的辐射能流。原始体内,电的密度作振动式的分布。根据唯物主义的理论,这种密度就标志着物质的存在。但根据机体振动论,则标志着能在振动的方式下产生。这种产生方式只限于原始体内。

所有的科学都必须将自己所研究的事实作一最后的分析,并将关于这种最后分析的假定作为自己的出发点。这种假定一方面由于符合我们直接看到的各种形式的事素，另一方面也由于它能不用特殊假设，而用一定程度的普遍性表示被观察到的事物，所以便能成立。上面概述的原始体振动的一般理论只是举例说明机体论对物理科学提供了什么样的可能。要紧的是这一理论在单纯的空间运动以外，还增加了机体变形的可能。光波就是机体变形的重要例证。

天文学在16世纪时从本轮说的状态中被解放出来。不论任何时期的科学假设，如果表现出本轮说这种症候便都将站不住脚。现在物理学正表示出了这样的症候。为了重新考虑它的基础，就必须回到对真实事物性质的更具体的观点上去，必须把它的基本概念看成是从这种直觉中得出的抽象概念。物理学正是以这种方式来探讨摆在眼前的修改的一般可能性。

量子论所提出的不连续的概念要求物理学概念作一次修改，以便能配合这一概念。尤其是现在已经指出，我们需要一种解释不连续存在的理论。我们所要求于这样一个理论的东西，是电子的轨道可以看成是一系列分立的位置，而不是一条连续的线。

上述的原始体或振动模式的理论，再加上前一章所说的时间性与广延性的区别，就刚好能得到这个结论。大家还记得，事件综合体的连续性来自广延关系。而时间性则来自一个模式在主体事件中的体现。这模式的展现需要将全部延续以事件中的位态所赋予的方式空间化(即滞留)。因此，体现便是以一系列时期性的延续来进行的。而连续的转变(即机体变形)则是在已经提出的延续之内实现的。振动式的机体变形实际上就是模式的重现。一个整个的时间就是完整模式所需要的延续。因此原始体便是原子式地在一连串的延续中实现的。每一个延续都应从一个极点到另一个极点来加以量度。因此,原始体作为一个完整的持续实有来看时,便将连续地分配在这些延续上。如果把它当成一个东西来看,图上表示的轨道便成了一系列分立的点。因此,原始体的运动在时间与空间中便是不连续的。如果我们深入到时间量子(即一系列原始体的振动周期)之下,就会发现一系列振动的电子场,每一个电磁场在其本身的延续的时—空内都是稳定的。每一个这样的场都表现出一个单独完整的电磁振动周期,这种振动就构成了一个原始体。但它并不能认为是实在的体现,而只能认为是原始体的一个不连续的体现状态。原始体借以体现的相继各延续本身是连接的。因此,原始体的生命史可以表现为电磁场中事素的连续发展。但这种事素是以占据一定时期的整个原子式的团的方式体现的。

所谓时间是原子式的,并不能理解为所有的模式都必须在同一系列的延续中体现。首先,纵使有两个原始体的周期相同,体现的延续可能还是不一样。换句话说,两个原始体可能异相。如果周期不同,那么任一原始体延续的原子化就必然会被另一原始体的延续的边界瞬间所复分。

原始体空间运动的定律说明的是在什么条件下原始体将改变其时—空体系。

这一概念不必继续详论了。振动存在的概念的根据必然完全存在于实验之中。这个例子所说明的问题是:这儿所采取的宇宙观和物理学方面所提出的不连续性的要求是完全符合的。如果我们采取这种看法,认为时间化是一系列时期性的延续的体现,那么芝诺的难题也就可以避免了。我们在这儿为这个概念所提出的特殊形式，只是拿来说明问题的，在适用于实验物理学的结果以前，必须重新拟定。

第九章　科学与哲学

在这一讲中，我想谈谈科学对现代几个世纪中的哲学思潮的影响。这几个世纪正是我们讨论的主题。我并不打算把现代哲学勉强挤在一次讲演中谈完。我所要讲的只是科学与哲学在本系统讲演所讨论的思想体系中的接触。因此，全部德国唯心主义思潮都将撇开不谈。因为从互相修正对方的概念来讲，这种思潮对同一时期的科学根本没有发生影响。康德是这个思潮的先驱者。他的思想中就充满了牛顿的物理学，同时也充满了法国发展牛顿思想的伟大物理学家如克来罗[①]等人的理论。但发展康德派思想的哲学家，或者把这派思想变成黑格尔主义的人，有些是缺乏康德的科学知识基础，另一些人如果不主攻哲学，也缺乏康德那种成为伟大物理学家的潜力。

现代哲学的起源和科学近似，而且也是同时的。它的总趋势是在17世纪奠基的，其中一部分就是在建立现代科学原理的那一

---

① 参看康德："纯粹理性批判"中"经验类推"的"第二类推"那一小节里说明康德阅读科学书籍的古怪例证。在这儿他提到了毛细作用。这是完全不必要的繁杂说明，拿桌子上的一本书作例证也就很够了。但那个题目当时刚由克来罗在他的《地球的外形》一书的附录里作了第一次的充分讨论。康德显然是读了那本书，而且充满了这一问题的印象。——原注

部分人手里确定的。15 世纪以后这个过渡时期刚一过去，目标就确定了。那时欧洲实际上有一种总的思潮，推动着宗教、科学和哲学一起前进。简单地说，这就是承继中世纪思想形态的人直接复溯希腊灵感的源泉。因此，当时并没有复活希腊思想。时代不是从已死的东西中产生的。使希腊文明获得生命力的美学和理性原理都披上了现代思想的新衣。在两者之间还有许多其他的宗教、法律系统、无政府状态、种族传统等等把方生的和已死的隔开了。

哲学对于以上所说的区别是非常敏感的。因为一个古代的雕刻可以做出复制品，但古代的思想状况却不可能做出复制品。思想的复制品顶多也不过像是假面戏和实际生活之间的关系而已。人们对古代可能有所理解，但古时和现代对于同一刺激的反应却是不同的。

在哲学这种特殊情况下，色调的区别只停留在表面上。现代哲学带着主观主义的色彩，这一点和古人客观主义的态度是对立的。宗教中也有同样的变化。在基督教会的早期历史中，神学的兴趣主要集中在上帝的性质、天主圣子降生为人、启示录对世界最后命运的预言等问题的意义上。在宗教改革的时候，教会由于信徒对“释罪”问题的个人经验的讨论而发生了分裂。个别的经验主体代替了现实的全貌。路德问：“我如何释罪？”现代的哲学家便问：“我是怎样获得知识的？”这两个问题重点都在于经验的主体身上。这种观点上的转变，是基督教在管理信徒团契的牧民工作上造成的。因为好几个世纪以来它都坚持个人灵魂的无限价值。因此，在人类物质欲望的本能的自私观念以外，又加上了认为在理智见解上亦应有自私观念的本能感觉。每个人都是他自身价值的天然保护者。无疑地，现代的这种注意方向所强调的是最高价值的真理。例如，在实际生活领域中，废除了奴隶制，在一般人思想中留下了基本人权的观念。

笛卡儿在他的《方法论》和《形而上学的沉思》中以最清晰的方式，揭示了日后影响现代哲学的一般概念。比方说，接受经验时必然有一个主体，在"方法论"中这个主体总是用第一人称。换句话说，指的就是笛卡儿本人。笛卡儿把自己当成一种思想状态出发，这种思想状态由于意识到自身固有的感官与思想的表象，因之便意识到自身作为一个统一实有的存在。往后的哲学史便围绕着笛卡儿的有关主要论据的说法发展。古代世界的立足点是整个宇宙现象，现代世界的立足点则是灵魂的内在现象。笛卡儿在他那本《形而上学的沉思》中把这种内在现象的存在建筑在错误的可能性上。它可能和客观事实根本没有对应的关系。因此就必然有一种具有活动的灵魂，它的实在性只能从本身导引出来。例如《形而上学的沉思》第二篇中说：

"但也可以说这些表象都是假的，我只是在做梦。就让它是这样吧。无论如何，我似乎是看见了光，听见了声音，感到了热，这不可能是假的。恰当地说来，这在我身上就是所谓的知觉，而知觉则不外乎是思想。从这儿开始，我对我自身的存在便知道得比以前更清楚、更明晰了。"①在同书第三篇中又说：

"……正如同我以前说过的一样，我所感知的和想象的东西也许离开我就根本不存在。然而我却确信我所说的知觉和想象这类

① 录自维琪译本。——原注

的意识形态，作为意识形态而言是存在于我身上的。”

中世纪和古代世界的客观主义传入到科学中来了。在这种观点下，自然被认为是自为的，其中包含着自身的交互作用。最近在相对论的影响下，又有走向主观主义说法的趋势。但除开近来这种例外情况外，科学思想中拟定自然定律时都丝毫也没有提到依据个别观察者的问题。但对待科学的新旧两种态度还有这样的区别。现代的反理性主义否定了一切将终极的科学概念和对全部现实世界更具体的观察所得到的概念调和起来的想法。物质、空间、时间以及各种关于物质变形的规律，都被认为是最后无情的事实，根本无须再研究了。

这种反对哲学的态度，对于科学和哲学两者都是十分不利的。本讲要谈的是哲学。哲学家是理性主义者。他们都在设法深入到无情而不以人意为转移的事实后面去。他们希望用一般原理来解释进入事物流变中的各种细节的相互关系。同时他们也在寻求可以消除纯武断论的原理，以便在假定任何一部分事实之后，其他事实的存在就可以符合理性的某种要求。他们要求探讨事物的意义。用亨利·西季威克的话来说：

“哲学的基本目的就在于把理性思维的一切部分完全结合，并清晰地联系起来。但任何哲学如果把构成伦理学主题的重要判断与推理置之不问，这一目的就无法达到。”①

由于物理科学与社会科学对历史怀有偏见，拒绝在某些终极思想机构之下再作推理，因而就把哲学排斥出了现代生活的现实

① 参看亨利·西季威克：《回忆录》附录1。——原注

潮流。哲学失去了经常批判偏颇理论的作用。由于科学把它排斥出了物质的客观领域,所以它只好退缩到主观主义的精神中去。这样一来,17 世纪的思想发展过程才与来自中世纪而又得到加深的个人人格意识结合起来。我们看到笛卡儿以他自己的哲学所能向他保证的终极精神为立足点,然后再问这精神和他的科学所假定的终极物质(在《形而上学的沉思》第一篇中所举的例子是人体和蜡)之间有何关系。现在一方面是亚伦的杖;一方面是术士的蛇[①],从哲学方面来说,唯一的问题就是谁吞了谁的问题;要不然就像笛卡儿所想的那样,两者将快乐地生活在一起。属于这一思潮中的学者有洛克、贝克莱、休谟和康德等。另外还有两个伟人则在这一思潮之外:一个是斯宾诺莎,另一个是莱布尼茨。他们的哲学对科学都没有什么关系。斯宾诺莎由于保存了较老的思想方法,莱布尼茨由于单子说十分新奇,所以就似乎都跑到了极端,越出了哲学的安全界限。

哲学史和科学史极端类似。两者都是在 17 世纪时为后继者安排了活动场面。但 20 世纪则开始了一种新的活动。如果把思想潮流的一般转变归结到某一篇文章或某一个作家,那便是夸大其词。毫无疑问,笛卡儿只是把他那一个世纪已经隐约出现的东西用一种肯定和明确的方式表达出来而已。同样的道理,我们如果把哲学上的一个新面貌的开创工作归之于威廉·詹姆士,那我们就忽视了他那一个时代的其他影响。即使如此,我们如果把他

① 据《圣经》出埃及记记载,以色列人出埃及时受到法老阻挠。上帝命摩西之兄亚伦将杖掷于地变为蛇,法老亦命术士变出蛇,后亚伦的蛇将术士的蛇都吞食光。——译注

在 1904 年发表的论文“意识是否存在”和笛卡儿在 1637 年发表的“方法论”比较一下还是有好处的。詹姆士把台面上的旧行头一起扫除了，或者说把灯光全改变了。我们不妨从他的论文中举两句话来作例子：

“如果我直截了当地否认‘意识’的存在，从表面上看来似乎太荒唐了。无可否认，‘思想’诚然存在。像那样说，读者也许就不愿意看下去了。因此我急需解释一下，我否认的只是这个字代表着一种实有，但同时又坚决地强调这字代表着一种机能。”

科学唯物论和笛卡儿的自我同时受到了诘难。一个是受到科学的诘难，另一个是受到詹姆士及其心理学上的前辈所代表的一派哲学的诘难。这双重的诘难就标志着延续了 250 年左右的这段时期已经结束了。当然，“物质”与“意识”都代表着日常经验中非常明显的事实，任何哲学都必须提供一些能适应两者的意义的东西。现在的问题是 17 世纪关于这两个问题的解决法都假设了一个前提，这个前提现在已经受到了诘难。詹姆士否认意识是一种实有，但却承认它是一种机能。因此，实体与机能之间的区别对于理解詹姆士对旧思想方法所提出的诘难便是极关重要的。前述论文充分地讨论了詹姆士本人认为意识所具有的性质。至于实有一词，他虽拒绝用来表明意识，但却没有作明确的解释。在上述引文后面紧接着就有这样一段话：

“我的意思是说，资料或存在的性质就是构成物体和关于物体的思维的东西，除此以外就没有其他的原始质料或存在的性质了。但思维可以在经验中产生一种机能。为了产生这种机能，就形成了这种存在的性质。这种功能就是知。事物不但存在，而且反映到心灵中去时还会被感知。为了解释这一事实，'意识'便是不可缺少的了。"

詹姆士否认意识是一种"资料"时，话就是这样说的。

"实有"这个词并不能充分表明其本身的含义。"资料"甚至也是这样。"实有"的概念是十分广泛的，所指的可以是任何能被想到的东西。一个人所想到的不能完全没有一点东西，而被想到的东西就可以称为一个实有。在这种意义下，一种功能就是一种实有。显然，詹姆士所想到的并不是这种实有。

在这一系统讲演中我提出了自然机体论的假说。为了符合这一理论，我将从我的目的出发，把詹姆士的学说解释成刚好否定了笛卡儿在《方法论》和《形而上学的沉思》中所说的东西。笛卡儿把物质和灵魂两种实有分开了。他认为物质的本质是空间的广延，而灵魂的本质则是思维。这儿所谓的思维是在笛卡儿所赋予的充分意义下的思维。例如在《哲学原理》第一部，第 53 节中他说：

"每一个实体都有一个主要的属性，如心灵的思维和物体的广延。"

在第 51 节中他说：

"关于实体，我们所认识到的只是除本身外，不需要其他东西就能存在的东西。"

接着，笛卡儿又说：

"比方说，任何实体不能持续就不能存在，除开在思维中，持续是不能和实体分离的……"

因此，我们可以作出结论道：对于笛卡儿说来，精神和物体的存在方式，除开本身以外，就不需要任何其他的东西了（上帝是唯一的例外，因为他是万物的基础）；精神和物体都是持续的，因为没有持续性它们就不能存在了。物体的基本属性是广延，精神的基本属性是思维。

笛卡儿的《哲学原理》中谈这几个问题的全部章、节表现了无可估量的天才。这些既无愧于他那一个时代，也无愧于法国人明晰的才智。他把时间和延续加以区别，把时间的基础建筑在运动上，把物质和广延紧密地结合起来。这一切都在他那个时代的可能范围内提示了近代相对论原理的概念和柏格森的“创造性进化”的某些方面。但他的基本原理事先假定了独立存在的实体，这种实体在时间延续的共体中具有简单的位置。如果这实体是物体，则是在空间广延的共体中具有简单的位置。这些原理直接引导出被思维的心智所考察的唯物机械性的自然论。在17世纪以后，科学守住了唯物的自然，而哲学则守住了思维着的心智。有几派哲学承认终极的二元论，而各种唯心学派则主张自然仅是心智的思维作用的主要体现。但各个学派都承认笛卡儿关于自然终极要素的分析。当我说到近代哲学的主要思潮导源于笛卡儿时，并不包括斯宾诺莎和莱布尼茨。当然这两人也受了他的影响，反过来，他们也影响了其他的哲学家。我现在所谈的主要是科学与哲学之间的有效接触。

科学与哲学两个领域的划分是很不容易的事。其实这说明了这种划分所根据的死板前提具有什么样的弱点。我们所看到的自然是物体、色、声、臭、味、触觉以及其他身体感觉交互作用的结果。这种交互作用在空间中表现为被介于它们之间的体积互相隔离的，并具有个体形式的模式。同时这整体也是一种流变，随着时间的推移而改变。像这样的系统化的整体展示在我们面前时便是一个事物的综合体。但 17 世纪的二元论者干脆抛开了这一点。当时科学上所谈的客观世界只限于单纯的有广延的物质，它在时间与空间中只有简单的位置，并且在空间运动方面受一定的规律支配。而哲学所谈的主观世界则把色、声、臭、味、触觉等身体感觉归结为构成个别心灵的思维的主观内容。两个世界都分享着总的流变。但笛卡儿把被度量的时间看成是观察者心灵的思维作用。显然，这一体系中存在着一个致命的缺点。心灵的思维显示出自身是把颜色这类的实有作为注视的终点而提在心灵之前。但在这一理论中，这些颜色之类的东西，归根结底不过是心灵的装饰品。因此，心灵似乎被局限于它自己的思维世界中。经验中主观与客观的完全符合，在心灵中只是心灵自有的一种激情。从笛卡儿的论据所得的结论就成了贝克莱、休谟、康德等人学说体系的起源。在这几个人之前，洛克也集中注意在这一点上，认为这是极关重要的问题。因此，真正客观世界的科学知识是如何取得的，便成了头等重要的问题。笛卡儿说客观物体被知性所感知。他在《形而上学的沉思》第二篇中说：

“因此，我必须承认，单凭想象，我连一块蜡是什么也不能理解。唯有心灵才能感知它。这儿说的是单独的一块蜡，至于蜡的普通情况，这一点就更为明显了。但只能被心灵感知的这块蜡究竟是什么呢？……对于它的感知既不是看、又不是摸、也不是想象。以往人们虽然认为如此，但这里面没有一项是这种感知。这仅是心灵的直觉（观察）……”

值得注意的是拉丁字“观察”在它的古典用法中是和理论的概

念关联，但和实践的意义却是相反的。

现代哲学的两大任务现在便清楚地摆在我们面前了。心灵的研究分成了心理学和认识论。前者是心理机能本身及其相互之间的关系的研究，后者是共同客观世界的认识论。换句话说，一种研究是把思维当成心灵的激情，另一种研究是把它当成对客观世界观察的前导。这是一种很不妥当的分法，曾经引起了不少的迷惑。17 世纪以后的几世纪便充满了对这问题的研讨。

如果人们从物理观念出发来看客观世界，从心灵观念出发来看主观世界，便可以把笛卡儿对问题的提法作为出发点了。但这两者之间的平衡，由于生理学的兴起而被破坏了。17 世纪时，人们从物理学的研究走到哲学的研究上来。19 世纪末期，尤其是在德国，人们从生理学的研究过渡到对心理学的研究上去。这种风尚的转变是具有决定性意义的。当然，在早期，人体的居间作用是受到充分重视的。例如笛卡儿的《方法论》第 5 部就是这样。但生理上的本能说还没有发展起来。在考虑人体时，笛卡儿是以物理学家的方法来思考的。但现代的生理学家则具有医学生理学家的思想。威廉·詹姆士一生的事业就是这种观点转变的例子。他也具有清晰而深刻的天才，他能很快就把分歧点指出来。

我在前面为什么要把笛卡儿和詹姆士并列起来看，现在就很清楚了。他们两人并没有对一个问题作出最后结论来结束一个世纪。他们的伟大功绩都属于另一类型。他们每人都以清晰的系统说法，开创了一个世纪。在当时那一阶段的知识水平上，思想都极便于用他们的说法来表达。他们一个开创的是 17 世纪，另一个开创的是 20 世纪。在这一方面他们都可以比之于圣·托马斯·阿奎纳斯。这人代表着亚里士多德的经院学派盛极而衰的时代。

在很多方面说来,笛卡儿和詹姆士都不是自己那一时代的典型哲学家。我倒毋宁把这个地位赋给洛克和柏格森。至少在他们和自己那时代的科学之间的关系说来是如此。洛克发展了几条思想路线,使哲学不断进展。比方说,他曾强调求证于心理学。他开创了划时代的探讨,研究有限范围内的迫切问题。他像这样做,无疑使哲学沾染了某些科学上的反理性主义。但富有成效的方法论的基础应当从某些清晰的假定出发,这些假设在有关问题的范围内必须认为是终极的。对于这种方法论上的假设的批判,就留待其他时机进行。洛克发现笛卡儿所流传下来的哲学状况,牵涉到认识论和心理学两方面的问题。

柏格森在哲学中引入了生理科学的机体概念。他几乎完全脱离了17世纪静止的唯物主义。他对空间化的抗议是抗议单单不把牛顿的自然观看成一个高度的抽象概念。他的所谓反理性主义必须从这个角度来理解。在某些方面他回到笛卡儿身上去了。但这种回溯却伴随着对现代生物学的本能理解。

把洛克和柏格森相提并论还有另一个理由。在洛克的学说中,可以找到自然机体论的胚芽。最近解释洛克学说的人——吉布逊[①]说洛克认为自我意识的同一"如生物机体的同一一般,他的这种想法真正超越了体现在合成论中的自然和心灵的机械观"。但首先值得注意的是洛克对这一论点的理解是动摇不定的。其次,更重要的是,他只把这一概念应用到自我意识上。当时生理学

① 参看吉布逊著:"洛克的认识论以及其历史关系",剑桥版,1917年。——原注

观点还没有树立起来，生理学的影响只是使思想回到自然去。神经学家首先沿着身体上的神经追溯刺激的效应，接着便追溯神经中枢的整合作用，最后追溯投射到体外的反应，使恢复兴奋的神经产生一种运动的效果。在生物化学中，身体各部分为保存整个机体而发生的化学构成上的精微适应被发现出来了。因此，心理的认识便被看成是整体的内省经验，把这整体作为一个统一事素时所具有的一切报告给它自己。这个统一体是各部分事件的整合，但不是各个事件的集合。它作为一个事件，具有其本身的统一体。这个总的统一体作为一个自为的实有来看，就是把全部事件的模式化位态包容到统一体中去的过程。它对自身的认识产生于它本身和位态被它包容的事物之间的关联。它所知道的世界是一个互相关联的系统。因此便能看到自身反映在其他事物之中。所谓其他事物，特别是包括它自己的躯体的各部分在内。

要紧的是应当把持续的躯体模式和充满持续模式的躯体事件，以及躯体事件的各部分区别开来。躯体事件的各部分本身就被它们本身的持续模式所填充。这种模式就是整个躯体模式中的构成要素。躯体的各部分确乎是整个躯体事件的环境中某些部分。但它们的相互关系使各部分在对方身上存在的位态在修正对方的模式时特别有效。这是由于整体与部分具有紧密关系才产生的。因此，躯体既是各部分的环境之一，各部分也是躯体的环境之一。只是彼此对于对方的修正都十分敏感。这种敏感性存在的方式是部分适应于保存躯体模式的恒定。这便是有利的环境可以保护机体的特殊例证。部分与整体的关系具有与机体观念伴随而来的特殊相互性。在这种相互性中，部分是为了整体的。但这一关系统治了整个的自然界，并不是从高级机体的特例开始的。

进一步说，如果从化学方面来看这问题，一个生物体中分子的作用用不着都以它与完整生物机体的模式的特殊关系来解释。诚然，这种模式的位态反映在每一个分子中以后都将对这分子发生影响，所以如果把这分子放在其他地方就将与现有的情况不同。同样的道理，在某种环境下，电子可能呈球形，在其他环境下则将呈椭圆形。从科学方面说来，探讨这个问题的方式只问分子在生物体中所表现的性质在无机的环境中是不是会消失。是不是会像软铁那样，在磁场中所表现的性质，在其他地方便表现不出来呢？生物都具有反应灵敏的自卫活动。当我们的意志作出某种决定之后躯体上也会发生某些物理作用。这说明分子在躯体中受到整个模式的改变。看来可能有一种物理定律能够说明当终极基本机体以紧密的模式构成高级机体的一部分时将受到什么样的改变。但如果整体与部分之间的位态的直接影响是微不足道的，这样改变就可能完全与实际上观察到的环境作用相呼应。我们必须估计到影响的传递。在这种方式下，整个模式的改变就将通过一系列逐渐缩小的部分的一系列改变而传递下来。最后，细胞的改变就将改变它在分子中的位态，并在分子或更细微的实有中引起一个相应的改变。因此，生理学的问题便是具有不同性质的细胞中分子的物理学问题。

现在我们可以明了心理学与生理学及物理学的关系是什么。个人的心理领域只是从它本身的观点出发所看到的事件。这个领域的统一体就是事件的统一体。但这仅是作为单个实有的事件，而不是作为各部分的总合的事件。各部分相互之间，以及它与整体的关系，就是彼此在对方之中存在的位态。对于一个外在的观察者说来，躯体一方面是整个躯体的位态的结合，同时也是各部分的综合。在他看来，形状的位态和感观对象是主要的，至少对于认识说来是如此。但我们还必须估计到我们有可能在自己身上看到高级机体的思维活动的直接位态。有些人说，对于他人的思维活动的认识只能从形状的位态和感观对象间接地推论出来，根据这种机体哲学看来，这一说法便是完全没有根据的。基本的原则是，任何进入现实的东西都将在每一个事件中确立自己的位态。

同时，甚至对自我认识说来，躯体的各部分有一些也采取了形状的位态和感官对象的形式。但是，与认识的思维活动联系的那一部分躯体事件本身就能成为一个统一的心理领域。它的组成部分不能追溯到事件本身，而是这事件之外的事物的位态。因此，躯体事件所固有的自我认识是把自身当作一个复合统一体的认识。这种复合统一体的组成成分包括存在于它本身之外，但受它本身位态模式的范围限制的一切实在。所以我们便可以看到，我们自身是把不属于自己的多种事物统一起来的机能。认识显示出事件是一种活动，把相异事物真正结合起来。但这个心理领域并不依存于它的认识，所以便仍然是脱离自我认识的统一事件。

因此，意识便是一种认识的机能。但被认识的已经是一个实在宇宙的位态的包容体。这些位态就是互相改变的其他事件的位态。在位态的模式方面它们是处在互相关联的模式中。

组成模式本身的原始资料是形状、感官对象和其他永恒客体的位态。这种永恒客体的自我同一并不依靠事物的流变。当这些客观进入一般流变时，它们就能使事件互相解释。在目前的情形下，它们是存在于感觉者身上。但当它们被感觉者感觉时，它们就把处于感觉者以外的整个流变中某些东西传达给他了。主—客关系就是从这些永恒客体的双重作用下产生的。它们是改变主体的东西，但只是当他们把宇宙共体中其他主体的位态传达给该主体时才有这种作用。因此，没有任何主体具有独立的实在，因为一切主体都是包容其他主体的有限位态而成的。

“主—客”这一专门术语对于经验中所显示的基本状态说来，是一个很糟糕的术语。其实这仅是亚里士多德“主词—宾词”的遗物。它已经事先假定了各种主词受到自身宾词限制的形而上学理论，这就是认为主体具有其自身的经验世界的理论。如果承认这一点的话就无法逃脱唯我主义了。问题在于“主—客”一词表示着客体下的一种基本实有。因此，像这样理解的“客体”只是亚里士多德的宾词的幽灵。在认识的经验中所显示出来的基本情形则是“客体中的我—客关系”。这就是说基本事实是超越于“现时—此处”和“现时”之上的不偏不倚的世界。所谓“现时—此处”，标志着我—客关系，而“现时”则是同时体现的空间世界。这一世界还包括着过去的现实、未来的有限潜能、抽象潜能的整个领域、永恒客体的领域等。永恒客体的领域超越于实际体现过程之上，实现于实际体现过程之中，而且和实际体现过程互相对证。我—客关系作为现时—此地的意识来说，对它跟实在世界以及观念世界之间的内在关联性所组成的经验本质是有认识的。但像这样组成的我—客关系是在实在世界之中的。它表现出自身是一种机体，这种机体在实在中的地位必须有观念加入。这一有关意识的问题必须留待其他时候再讨论。

目前所要提出的论点是，机体论的自然哲学必须从唯物论哲学所要求的东西的反面出发。唯物论的出发点是独立存在的实体——物质与精神。物质受着空间运动的外在关系的改变，而精神则受着思维对象的改变。在这种唯物主义的理论中，两类独立的实体都受着与各自相应的激情的改变。而机体论的出发点则是事物处在互相关联的共域中的体现过程。在这儿事件才是实在事物的单位。发生态持续模式是发生达成态的稳定，这样达成态就能在过程中保持自我同一而成为一个事实。应当注意的是持续性作为一个基本性质而言不是在本身之外的持续，而是在本身之内的持续。我的意思是说，持续性是在整个事件的各时限部分中找得其重复产生的模式的性质。唯有在这种意义下，整个的事件才有一个持续的模式。对于整体和前后相连的各部分都有同一种内在价值。认识是普遍的潜在活动为自身提出可能性、实在性与目的，并在某种程度内个体化的发生态。

如果不像上面一样从心理学与生理学出发，而从现代物理学的基本概念出发，我们也同样可以达到这种机体概念。我自己研究数学和数理物理学的结果实际上就使我相信这一点。数理物理学首先假定有一个作用的电磁场充满在时间与空间中。控制这个场的规律不外乎是世界流变的一般作用所遵循的条件，正如它在各事件中使本身具有个性一样。物理学中存在着一种抽象过程。这门科学不问事物本身如何。其中的实有都只根据外在的实在来考虑；也就是说，只考察其存在于其他事物中的位态。这种抽象过程甚至还不止此，因为只有在其他事物中改变该事物的生命史的时一空条件的位态才在被研究之列。这儿观察者的内在实在就有了地位。也就是说，这时引用了观察者对自身说来所形成的状态。例如，科学叙述中将出现观察者观察到红与蓝等等的事实。但观察者所看到的红色实际上并没有达到科学境地。有关的事实仅是观察者的红的经验和其他经验的不同点。因此，观察者的内在性质唯有在确定物理实有的自然同一的个性上才有意义。这些实有被认为只是在持续实有生活史的时间与空间中明确方向的因素。

物理学的词汇是从 17 世纪唯物主义思想中引导出来的。但我们发现，即使在极端抽象的情况下，实际上事先假定的还是上述的位态机体论。首先，我们不妨考虑一下绝对真空的空间中的事件。这儿所谓绝对真空指的是完全没电子、质子或任何形式的电荷。这种事件在物理学中有三个作用：

在第一种作用下，这是能所进入的实际场所，它可能是能的驻在地，也可能是特殊能流的所在地。不论怎样，在这种情形下，能的作用总是存在的，它可能是在有关时间中驻在空间，也可能是流过这空间。

在第二种作用下，该事件成为传递模式的必要环节。通过这种传递，每一事件的性质都从其他一切事件的性质上获得一些改变。

在第三种作用下，该事件成了可能性的储存所。也就是说，该事件如果在场，它将通过变形或空间运动对一个电荷发生作用。

如果我们把这说法稍微改变一下，假定一个事件把电荷的生命史的一部分包括在其本身之中，这时以上关于三种作用的分析仍然能成立。只是第三种作用中所包含的可能性现在成为现实性了。现实性代替可能性之后，我们就看到空虚和实有事件之间的区别。

现在不妨再回到空虚事件上来，我们可以看到它缺乏内在内容的个性。比如在空虚事件的第一个作用中，它是能的**所在地**。我们看到不论是静止驻在的能还是作为能流中一部分的能，都没有识别其个体的标志。我们只有活动的数量的决定，而不能将活动个体化。在第二种和第三种作用中，缺乏个体化的情形就更加显著了。空虚的事实本身是一个事实，但其内容却不能使内容体现一个稳定的个性。从内容来看，空虚事件是被组合的活动的一般格架中一个已被体现的要素。

空虚事件如果是某一系列的波状运动的传递场所，那么这说法就需要作一些修改。这时事件中将永远存在着一个确定的模式。只有在这儿才首先看到一些微弱的持续个性的痕迹。但这种个性连一点原始性都没有。因为这仅是一个事件处在较大的形成模式的体系中所产生的恒定性。

现在再看看实有事件。像电子这样的东西便有一种确定的个性。我们可以通过许多不同的事件在它整个的生命史中把它追溯出来。一群电子加上大小相等的正电荷之后就构成了原子，然后就形成了我们通常看到的物体。这种物体最简单的就是分子。一群分子就能构成一个普通常见的椅子、石头等物质块。因此，一个电荷就是内含物个性的标志。这是附加在事件本身的个性上的个性。这种内含物的个性就是唯物论的根据。

然而，这一点却同样可以用机体论来解释。当我们考察电荷的作用时，便会发现它标志着一个经过空间与时间传递而来的模式的起源。这是某些特殊模式的基调。例如，任何事件的力场可由电子与质子的活动构成。这种活动也是能的流和能的分布。此外，电波起源于这些电荷的振动。因此，被传递的模式便可以看成是原子电荷的位态通过时间与空间的流变。电荷的个体化是由两种性质结合产生的。第一是发生功能的样态连续地同一，这样就作成一个决定模式传布的关键。第二是它本身生命史的连续和统一。

因此，我们可以作出结论道：机体论直接地表达出了物理学关于终极实有所作的假定。同时我们也看到，如果把这些实有看成完全具体的个体时便是全然无用的。就物理学讲来，这些实有完全在彼此互相推动，除开这种功能以外就没有其他的实在了。特别是对物理学来讲，根本就没有内在的实在。

显然，把机体的假说作哲学的基础应当首先归功于莱布尼茨[①]。他的单子就是终极地真实的实有。但他还是保留了笛卡儿的实体和改变实体的激情。这在他看来也能说明真实事物的终极特性。因此，在他看来，内在关系便没有具体的实在性。于是他便创造了两个与众不同的看法。一个看法认为终极的真实实有是一种组合的活动，它把组成成分结成一个统一体。因之，这个统一体便是实有。另一种看法认为终极的真实实有是负载性质的实体。第一种看法先要承认内在关系结合了一切的实在。而第二种看法则和这种关系所结合的实在不能相容。为了要结合这两种看法，所以他的单子便没有窗户。而单子的激情则反映出早已由神安排好的协调的宇宙。这一理论体系因此便事先假设了一群独立的实

① 关于这一思想体系，请参看伯特兰·罗素：《论莱布尼茨的哲学》。——原注

有的结合。他对于三种东西未作区别：一种是作为经验单位的事件，一种是稳定后获得意义的持续机体，另一种是表现个体化进一步完整的认识机体。他也不承认将感官资料以不同方式和不同事件相关联的多种关系。这种多种关系是一种透视，莱布尼茨认为它们除非是组合单子的性质，否则不能承认。这是由于不加研究地把简单位置当作空间与时间的基本形态接受，同时又把独立的个别实体当成真实实有的基本形态接受，所以才产生了这种实际上的困难。这样一来，莱布尼茨唯一能走的道路便只能是贝克莱后来所选择的道路(根据最流行的解释)。也就是希望出现一个奇迹帮他超脱形而上学的困难。

笛卡儿曾经创立了一种思想体系，使后日的哲学在某种程度上和科学保持了接触。莱布尼茨则以同样的方式创立了另一种思想体系，使终极实在的事物——实有在某种意义上成了组合的过程。这一体系一直是德国哲学伟大成就的基础。康德反映了两个传统，他在一个基础上反映了另一个。康德本人是一个科学家，但从康德学说中导引出来的学派对科学思想的影响则很小。直到本世纪，哲学学派才把上述两个传统结合起来，表达了一个从科学中导引出来的世界观，因此也就结束了科学跟美学以及伦理经验所肯定的东西分道扬镳的状态。

第十章　抽　　象

在前几章中，我们分析了科学思潮对近代思想家所致力研究的更深刻的问题发生了一些什么影响。任何个人、任何有限的社会和任何一个时代，都不能同时思考一切的问题。因此，为了说明科学对于思想的各种影响，我们便从历史的观点分析了这题目。像这样追述时，我始终没有忘记，整个故事的结局是统治这三个世纪的科学唯物论的快乐体系显然垮台了。因此，我便强调了几派盛行的批评意见。我自己也试图提出另一种宇宙论的学说。这一学说内容十分宽广，足以包括科学与科学批判的基本论点。在这一体系中，占主要地位的物质概念被有机综合体概念代替了。但我总是经常从科学思想的实际复杂情形和它所提示的混乱状态着眼。

在本章和下一章中，我们将把现代科学的特殊问题放到一边，而对事物在作详细分析以前的性质进行客观的观察。这种看法被称为是“形而上学”观点。所以读者如果连这两小章形而上学都不感兴趣的话，那就最好跳过去看“宗教与科学”那一章。那儿将重新讨论科学对近代思想的影响。

讨论形而上学的这两章完全是叙述性的。这种叙述的根据是：(1)对于构成直接经验的实际事态的直接知识，(2)它们可以成为调和各种经验的系统叙述的基础，(3)它们能提供许多构成认识论的概念。关于第(3)点，我的意思是对我们所知道的东西作一个普遍的叙述后，就能使我们知道认识为什么能成为已知事物中的一个环节。

在任何被认识的事态中，对象都是一个经验的实际事态，视超越该直接事态的实有领域如何而有不同[①]；因为那些实有这一经验的和其他经验事态发生类似的或不同的联系。例如，某一深度的红色在直接事态中可能以一定的方式和一定的球形联系在一起。但这种红色和这种球形都表现自己超越了这个事态。因为两者都和其他事态具有其他关系。同时，除开同类事物在其他事态中的实际事素以外，每一个实际事态都处在另一种交互关联的实有领域中。这一领域是由一切可以为它作有意义的陈述的假命题显示出来的。这是一个存在着许多不同的方向的领域，它在实际中的立足点超越了任何一种实际事态。假命题对于每一个实际事态的真正关系是由艺术、虚构叙述以及关于理想的批判等显示出来的。这就是我所主张的形而上学论点的基础，也就是说，对实际的理解必须联系到理想。这两个领域是整个形而上学的立场所固有的。如果能真实地说出关于某一实际事态的某种命题是假的，这便表现了美学成就的颠扑不破真理。它表明了“伟大的否定”，这就是它的基本性质。一个事件的决定性和它的假命题对它的意义是成正比的。假命题对事件的关系无法通过达成态而与事件的本质分开。这些超越的实有被称为“普通”。我个人喜欢用“永恒

① 参阅拙著《自然知识原理》第5章，第13节。——原注

客体”,这样就能摆脱“普遍”一词在漫长的哲学史中所具有的假定。因此,永恒客体在本质上是抽象的。我所谓的“抽象”指的是永恒客体本身(也就是它的本质)不必涉及任何特殊的经验事态就可以直接理解。成为抽象就是超越实际的特殊具体事态。但超越实际事态并不等于和它脱离关系。相反地,我认为每一种永恒客体都和这种事态有其固有的联系。这种联系我称之为进入事态的样态。因此,要理解一种永恒客体,必须认识以下各点:(1)它的特殊个性,(2)它体现在实际事态中时常发生的与其他永恒客体的一般关系,(3)说明它进入特殊实际事态的一般原则。

这三点说明两个原理。第一是每一个永恒客体都是一个个体,在其自身特殊的形式下形成其本身。这种特殊的个性就是该客体本身的实质。除了形成它本身以外就没有别的说法了。因此,个体的本质只是从其独特性来看的本质。同时,一个永恒客体的本质也只是它对每一个特殊事态作出其独特贡献时的情形。这种客体在各种进入事态的样态下都是它本身,所以这种独特贡献对于所有的事态说来都是相同的。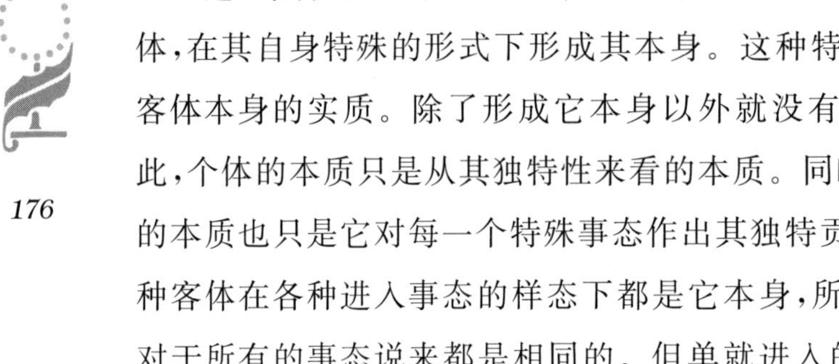但单就进入的样态来讲,仍然每次都是不同的,所以它的特殊的贡献也一次和另一次不同。因此,一个永恒客体的形而上学地位就是实际的可能性的地位。每一个实际事态的性质要由这种可能性在该事态中体现出来的方式来确定。因此,体现就是可能性的选择。更正确地说,这就是根据它在该事态中体现的可能性的大小分等加以选择。这一结论就使我们得出了第二个形而上学原理:一个永恒客体作为一个抽象的实有来看,不能脱离与其他永恒客体的关系;它虽然和进入某一实际事态的实际样态无关,但也不能脱离它与一般实际的关系。这一原理可以用这样一句话来叙述:每个永恒客体都有一个"关联性的本质"。这种关联性的本质就决定该客体为什么可能进入实际事态。

比方说:如果 A 是一个永恒客体,那么 A 的本质就牵涉到 A 在全域中的地位,而不可能脱离这种地位。在 A 的本质中关于 A 与其他永恒客体的关系存在着一种肯定性,而关于 A 与实际事态的关系则存在着一种不肯定性。A 与其他永恒客体的关系既是肯定地存在于 A 的本质之中,所以便是内在关系。这话的意思是说,这种关系是构成 A 的成分。因为处在这种内在关系之下的实有,如果脱离了这种关系就不能成其为实有。换句话说,它一旦具有内在关系就永远具有内在关系。A 的各种内在关系联合构成了它的意义。

其次,在一个实有的本质中如果没有容纳外在关系的不肯定性,就不可能发生外在关系。A 身上的"可能性"实际就是 A 的本质可以容纳对于实际事态的关系。A 与实际事态的关系不过是 A 和其他永恒客体的永恒关系在该事态中实现时的分等情况。

所以,说明 A 进入特殊实际事态 a 的一般原理就是 A 本质中所存在的、关于进入 a 的不肯定性,以及 a 的本质中所存在的关于 A 进入 a 的肯定性。因之,综合包容体 a 就是 A 的不肯定性进入 a 的肯定性的解答。而且,A 与 a 之间的关系对于 A 说来是外在的,对于 a 讲来则是内在的。每一个实际事态 a 都是一切进入实际事态的模式的解答。在这里面真理与虚假代替了可能性。A 完全进入 a 这一事情由有关 A 与 a 的一切真命题表示,同时也可能由有关其他事物的真命题来表示。

永恒客体 A 和其他永恒客体之间的确定关联便是 A 怎样有系统地,并且本质上就必然和每一个其他永恒客观发生关系。这种关联就表示着一种体现的可能性。但关系是有关全部有关关联对象的事实,不能把它孤立起来,而认为它只牵涉一种关联对象。因此,在可能性的本质中便普遍地包含着一种有系统的互相关联。永恒客体的领域其所以能正式称为一个领域,就是因为每一个永恒客体在这一般互相关联的系统综合体中都有自己的地位。

在 A 进入实际事态 a 时,A 和其他永恒客体在这种体现中分等排列出来的相互关系,需要涉及 A 以及其他永恒客体在时—空关系中的地位才能表现出来。为了这一目的,如果不涉及 a 与其他实际事态在同一时—空关系中的地位,这一地位也是无法表达的。因此,事件实际过程借以表达自身的时—空关系就不外乎是各永恒客体间一般系统关系的选择性限制。所谓限制,应用到时—空连续区上时就是实际的决定。如空间的三维,时—空连续区的四维等。这些都是事物实际过程中所固有的。但对于一个较为抽象的可能性说来则是武断的。实际事物的基础上的一般限制,和各个实际事态特有的限制是不同的,其情形将在论"上帝"的一章中充分讨论。

同时,各种可能性相对于实际性的地位也必须参照这个时—空连续区。在对可能性作任何特殊考虑时,都可以看到这个连续区被超越。但如果对实际性具有一定的关系时,超越时—空连续区便也需要有一定的方式。因此,从根本上说来,时—空连续区便是关系可能性的所在地,这是从更普遍的系统关系领域中选择出来的。这种关系的可能性的有限场所,表明着体现过程的一般体系所固有的一种可能性的限制。不论和该体系关联的可能性是什么，都处在这个限制之中。对于事件的一般过程(不是特殊事态所引起的特殊限制)说来，一切具有抽象可能性的东西，都充满在时—空连续区的每一种可能的空间位置和时间之中。

如果一切可能性的关联的一般系统，受到其本身和一般实际事物相联系的限制，那么从根本上说来，时—空连续区就是这样的体系。可能性的本质也规定它必须包括这种和实际的联系。因为可能性中就存在着脱离达成态的可达成性。

上面已经强调过，一个实际事态应认为是一种限制。这种限制的过程可以进一步说成是分等的过程。实际事态(如 a)的特性还需要作进一步的说明：任何永恒客观(例如 A)的本质中都存在着一种不肯定性。实际事态 a 则将每一种永恒客体都综合到它本身之中。这样它就包括 A 对于其他个别或整套永恒客体的**全部**确定关联。这种综合是体现而**不是**内容的限制。每一种关系都保存着它固有的自我同一。进入这种综合体的等级是每一个实际事态(如 a)所固有的。这些等级只能通过价值的相关性来表现。如果把不同的事态加以比较，价值的相关性的等级是不同的。最高的是把 A 的个体本质作为某一等级的美学综合体的一个因素包含在内，最低是把 A 的个体本质作为美学综合体的一个因素而排斥掉。在这最低的等级上，A 的每一种确定关系组合在一个事态中时只是说明这个关系何以是一个确定的未体现的可能。除了在未体现的内容的系统化始基中作为一个因素外，并不能贡献任何美学价值。如果 A 所处的等级较高，它仍然没有体现出来，但在美学上还是有作用的。

因此，如果A只从它对其他永恒客体的关系来看，那就正是“A作为不存在来看”的情形。但“不存在”就意味着“脱离了被包容在实际事件内或被排斥在实际事件之外等类的肯定事实”。同时，“A对于肯定事态a不存在”就意味着A在一切肯定关系中被排斥于a之外。“A对a存在”就意味着A在其某类肯定关系中被包容到a里面去了。但没有任何事态可以把A的一切肯定关系都包容在内。因为某些关系是互相对立的。因此，从被排斥的关系讲来，A对a就是不存在，甚至从其他关系上讲A已经在a中存在时也是这样。从这种意义上讲来，每一个事态都是一种存在与不存在的综合体。同时，某些永恒客体虽然仅是作为不存在而被综合在事态a之中的，但每一个作为存在而被综合的永恒客体同时也是作为不存在而被包容的。“存在”在这儿就意味着“作为个体而言在美学综合体中是有效的”。“美学综合体”就是“经济综合体”处在它本身与其他实际事态的关联所产生的限制之下所形成的自我创生状态。从以上所说的看来，我们可以作出结论道：所有的永恒客体被包容到每一个事态中去时的一般状况都具有双重性质，一种是每一个永恒客体对于一般事态的不肯定关系，另一种是它和某一特殊事态的肯定关系。这一叙述总结了外在关系何以可能存在的理由。但这种理由必须将时—空连续区从一般所谓的单纯实际事态的含义中解放出来，并且从根本上加以说明，也就是说明它怎样由于抽象可能性的一般性质被事件实际过程的一般性质限制而产生出来的。

内在关系方面所产生的困难在于如何解释特殊真理存在的可能性。既然有内在关系存在，每一件东西就必须依存于一切其他东西。但情形果真是这样的话，那么我们除非是知道其他一切东西，否则就无法知道任何东西。因此，我们就显然必须把所有的东西一口气说出来。这种假定的必要性显然是不正确的。那么，我们就必须解释，既然承认有限的真理，内在关系又何以能存在。

实际事态既然是从可能性的领域中选出来的，那么实际事态何以具有普遍性质的终极解释就必须对于可能性领域的一般性质作一分析。

永恒客体领域的分析性质，就是它的基本形而上学真理。这种性质的意思就是这个领域中任何永恒客体 A 的地位可以分析成为某几个不定数目的范围有限的从属关系。例如，如果 B 与 C 是另外两个永恒客体，那么彼此之间就具有某种完全肯定的关系 R(A,B,C)，它只牵涉 A,B,C。在它容纳关联对象的能力中就无须提及其他肯定的永恒客体了。当然，关系 R(A,B,C)可能牵涉一些从属的关系，其本身就是永恒客体，而 R(A,B,C)本身也是永恒客体。同时还有其他关系在同一意义下也只涉及 A,B,C。现在我们要来看看，在永恒客体的内在关联下，这个有限的关系 R(A,B,C)是怎么可能存在的。

永恒客体的领域中存在着有限关系的理由是：这些客体彼此之间的关系是完全非选择性的，但作为体系来说是完整的。我们所谈的既是可能性，那么每一种可能的关系就必然存在于可能性的领域里。每一个永恒客体的这种关系，都建筑在该客体在一般关系系统中作为一个关系对象的完全肯定的地位上。这种肯定的地位就是我所谓客体的“关系实质”。这种关系实质只需要参照该客体就可以决定。其他客体除非特别牵涉在这种实质（当该实质是一种复合体时)之内,否则就无须参照。所谓复合体的问题在下面就要解释。至于"任何"、"某些"等词则是从逻辑中的变项这一概念中引申出来的。整个的原则是某一个肯定的永恒客体 A 和 n(肯定有限数)个其他永恒客体 $X_1 X_2 \cdots X_n$ 之间某些肯定关系,除非后者中每一个都具有适当地位,因而在那多种关系中起了自己的作用,否则便无须决定几个其他客体就能对这种关系作一特殊决定。这一原理的根据是,一个永恒客体的关系实质并不是它本身所特有。只要有每一个永恒客体的关系实质就能决定全部关系实质的统一体系,因为每个客体在内部都具有一切可能的关系。因此,可能的领域便为有限套数的永恒客体提供了一个统一的关系格架。所有的永恒客体只要自身的地位允许,便都处在这种关系之中。

因此,可能领域中的关系并不牵涉永恒客体的个体本质。关系所牵涉的任何永恒客体都是关系对象,其条件是这些关系对象都必须具有应有的关系本质。这一条件自动地从事物的本性出发限制了"任何永恒客体"中的"任何"一词。上述原理就是可能领域中**永恒客体孤立**的原理。永恒客体是孤立的,因为作为可能性而言,它们的关系可以不涉及它们的个体本质就能表达出来。当永恒客体被包容在实际事态中时,情形则和可能的领域相反。这时,对于某些可能的关系说来,它们的个体本质就具有结合性。像这样体现出来的结合是一个发生态的价值被一种确定的永恒关联所取代形成的达成态。真正的结合就是相对于这关联而形成的。因此,永恒的关联是一种形式(εἶδος),发生态的实际事态是内含价值的外形。脱离任何外形的价值就是抽象物质(ὕλη),这是一切实际事态所共有的。将无价值的可能性包容到外形下的内涵价值中去的综合活动就是实体活动。这种实体活动是分析形而上学状态中的静止因素时被忽略的东西。在这种状态中被分析的要素是实体活动的属性。

因此，永恒客体间的有限内在关系概念所包含的困难便通过以下两种形而上学原理得到解决：(1)任何永恒客体 A 的关系如果被认为是 A 的组成成分，便只将其他永恒客体当作单纯的关系对象跟它发生关系，而不涉它的个体本质；(2)因此，A 的一般关系可以分成一群有限数目的关系这一性质便存在于该永恒客体的本质中。第二种原理显然要以第一种原理为基础。理解 A 就是理解关系的一般系统的情况。理解这种关系系统并不需要其他关系对象自身的独特性质。这个系统也表明其自身可以分析成一丛有限关系，这一丛关系都具有自己的个性，但同时又事先假定了可能性领域内的全部关系。对于实际性说来，首先就有关系的一般限制，这种限制把一般无限制的体系化为四维的时—空体系。这种时—空体系，可以说是一切永恒客体所固有的各种关系体系受实际性限制时的最大共同尺度。这话的意思就是说，永恒客体(A)的某些关系体现在实际事态中的方式永远可以通过下列两种方式来解释：(1)说明 A 相对于这个时—空体系的地位，(2)说明该实际事态在这一体系中与其他实际事态的关系。在一个有限的永恒客体组中，关联到某一确定的永恒客体的确定有限关系，本身就是一个永恒客体。这就是那些客体处在那个关系中的状态。这种永恒客体我称它作“复合体”。作为关系对象而处在“复合体”中的其他永恒客体可以称为该永恒客体(复合体)的构成成分。如果这种

关系对象本身也是复合体，它的构成成分就可以称为原复合体的“衍生组成成分”。至于衍生组成成分的组成部分，则也将称为原客体的衍生组成成分。所以永恒客体的复杂性就说明它可以分析成作为组成成分的永恒客体之间的关系。分析永恒客体之间的普遍关系体系就意味着它表现为一丛复合的永恒客体。一个永恒客体（如一定深浅的绿色）如不能分析成组成成分之间的关系，就称为“简单”永恒客体。

现在我们就能解释永恒客体领域的分析性何以能使该领域分析成若干等级。

个体本质简单的客体将列入最低级的永恒客体。这一等级的复杂性是零。其次，让我们看看成员数有限和无限的客观组。比方说，A，B，C 三个永恒客体本身都不是复合体而又组成一组。我们不妨以 R（A，B，C）来表示 A，B，C 之间某种可能的确定关联。举个简单的例子来说，假定 A，B，C 是一定深度的三种颜色，彼此之间的时一空关联是在任何时候和任何地点处在正四方体的三个面上。这时 R（A，B，C）便是最低级的另一永恒客体。根据这种情况便有一系列较高级的永恒客体。对任一永恒客体 S（D_1，D_2，…，D_n）说来，组成这一客体的个体本质的 D_1，D_2，…，D_n 等永恒客体的个体本质组成了 S（D_1，D_2，…，D_n）的个体本质，所以就称为 S（D_1，D_2，…，D_n）的组成成分。显然，S（D_1，D_2，…，D_n）的复杂等级应比组成成分中的最高等级高一级。

因此，有一种分析是把可能性领域分析成简单的永恒客体，还有一种则分析成各种等级的复合永恒客体。一个复合的永恒客体是一种抽象的状况。确定的永恒客体的抽象（即非数学的抽象）具有双重意义。一种是可能性的抽象，另一种是实际性的抽象。上述的 A 和 R(A,B,C)便都是可能性领域的抽象。应当注意的是 A 所指的是 A 的一切可能关系，其中包括 R(A,B,G)在内。而 R(A,B,C)也是指 R(A,B,C)的一切关系。但 R(A,B,C)的这种意义排斥了 A 所能进入的一切其他关系。因此，A 在 R(A,B,C)中便比 A 要绝对地更为抽象。当我们愈益从简单的永恒客体进向高级的复杂性时，便愈益进入了可能领域中的更高级抽象性。

现在我们可以看出，当我们经过一系列的阶段向可能性领域中所得出的一定抽象样态前进时，在思想上便要经过一系列愈益提高的复杂性等级。我把这种前进的过程称为“抽象的等级体系”。一个抽象等级体系不论是有限的还是无限的，都是以一群确定的简单永恒客体为基础。这一群永恒客体就称为等级体系的“基础”。因此，抽象等级体系的基础便是一组复杂性为零的客体。抽象等级体系的正式定义是这样：

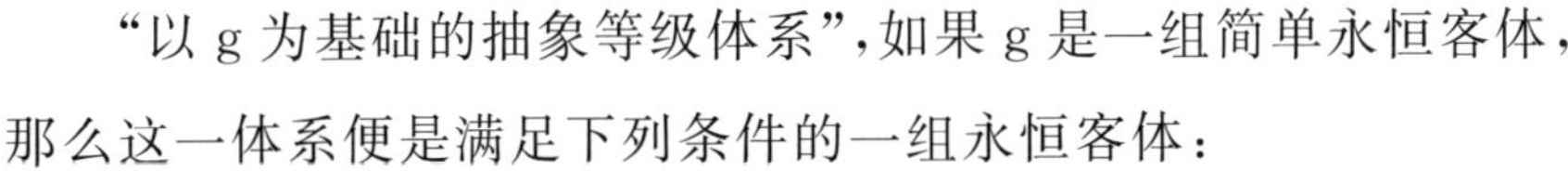

“以 g 为基础的抽象等级体系”，如果 g 是一组简单永恒客体，那么这一体系便是满足下列条件的一组永恒客体：

(1)g 的组成部分属于该等级体系，而且是该体系中唯一的简单永恒客体。

(2)该等级体系中任何复杂永恒客体的组成成分也是本体系中的组成部分。

(3)该等级体系中任何一组永恒客体，不论等级相同或不同，至少是本等级体系中一个永恒客体的组成成分式衍生组成成分。

应当注意的是，一个永恒客体的组成成分的复杂等级必然低于它本身。因此，这一等级体系(复杂性的第一级)的任何组成部分只能以 g 群中的部分作为组成成分。第二级复杂性的部分则只能以第一级和 g 群的部分作为组成成分，余类推。

抽象等级体系所要满足的第三个条件可以叫做连续条件。因此，一个抽象等级体系便是从它的基础上产生出来的；它包括着这基础上产生出来的一系列等级，不能这等级是无限的还是有最大限度的都如此；它的连续方式是在较高的等级中复现较低级的任何组成部分。这种组成部分的作用至少是等级体系中一个部分的组成成分或衍生组成成分。

抽象等级体系如果停止在有限的复杂等级上，便叫做有限体系。如果包括一切复杂等级的组成部分则称之为无限体系。

应当注意的是，抽象等级体系的基础所包括的组成部分的数目并没有限制，可以是有限的也可以是无限的。同时，基础组成部分的无限数并不影响等级体系的有限或无限。

任何有限的抽象等级体系，根据定义来说，都具有一个最高的复杂性等级。这一等级的特性是其中的成员不可能再是同一体系中任何其他等级的永恒客体的组成成分。同时，最高的复杂性等级也显然只能有一个成员，否则联系性的条件就无法达到。反过来说，任何复合的永恒客体就是经过分析后可以表现为有限抽象等级体系的永恒客体。我们作为出发点的这个复合永恒客体可以称为抽象等级体系的顶点。这是最高复杂等级中的唯一成员。在初步分析中我们所得到的是顶点的构成成分。各成分的复杂性可能各有不同，但其中至少有一个成员，它的复杂性的等级只低于顶点一级。比某一永恒客体低一级的等级称为该客体的邻级。接着我们把顶点的邻级中的组成成分当成第二级再分析成组成成分。

在这些组成成分中，有些是这一次被分析的客体的次级组成成分，另一些则是顶点的组成成分中属于这一“次邻级”的成分。它们构成了第三级，分析还是照从前一样进行。这样我们就得到了属于顶点以下第三级的客体，并且加上通过前两级分析遗留下来的这一级的组成成分。我们这样通过一系列的等级分析，一直到简单客体级。这一级构成了等级体系的基层。

值得注意的是处理等级体系时，我们完全在可能性的领域之中。因此，永恒客体便没有真正的结合性。它们依然是“孤立”的。

亚里士多德把实际事物分析成更抽象的要素时，所用的逻辑工具是分成种和属的工具。这种工具当科学在准备阶段时起了极重要的作用。但应用于形而上学的叙述中，就会歪曲形而上学状态的真相。“普通”一词和亚里士多德的分析法是结合得很紧的。这一个词的意义近来又扩大了，但它还是带着分类分析法的色彩，所以我就没有用它。

在任何实际事态 a 中，都有简单永恒客体，以最具体的样态组成一个 g 群。像这样在一个事态中完全组合，便能和其他永恒客体的个体本质混合形成发生态事态。这显然是自成一体的，不能用其他的东西解释。但它必然具有一种特殊的性质，即在 g 之上有一个无限的抽象等级体系，其中的成员都同样地完全包容在 a 之中。

有这样一个无限的抽象的等级体系存在，就说明我们何以不可能通过概念来完成一个实际事态的叙述。我将把这个和 a 联系的无限抽象等级体系叫做“a 的关联等级体系”。实际事态中的连续性这一概念指的就是这种情形。这种关联性对于它的综合统一体和可认识性都是必要的。有一种概念的连续等级体系可以适用于这一事态,它包括着各种复杂等级不同的各种概念。在实际事态中,这种复杂概念所牵涉的永恒客体的个体本质形成了一种美学的综合体。这种综合体能产生一种事态——自为的经验。事态既是由所有进入其充分体现状况的一切东西组成的,那么这种关联等级体系便是它的形式、模式和形态。

从可能性中产生的抽象和从实际性中产生的抽象,两者在抽象的程度方面是背道而驰的,因此便在思想上引起了一些混乱。显然,如果我们通过描述一个实际事态 a 的关联等级体系中的某些成员来描述 a 本身,我们便更加接近全部具体事实,因为关联等级体系本身的复杂等级比成员更高。这样我们对于 a 便作了更进一步的描述。所以当复杂性提高时就能在接近 a 的全部具体状态方面获得进展,降低时则将后退。因此,简单永恒客体代表着实际事态所产生的抽象的最高限度,但对于可能性领域所产生的抽象说来则只是一个最低限度。我认为大家会发现,一般提到一个高级的抽象时,指的就是可能性领域中所产生的抽象,也就是一个精练的逻辑结构。

以上所谈的只是实际事态完全具体的一面。实际事态正是由于这一面才在自然界中成为一个事件。在这种意义下,一个自然事件仅是一个完整的实际事态的抽象状态。完整的事态包括着在认识的经验中表现为记忆、预测、想象和思维的一切。经验事态中的这些要素也是复杂的永恒客体作为发生态价值中的要素而被包容在综合包容体中的样态。它们和完全包容的具体状态不同。在某种意义上说来,这种差别是无法解释的。因为每一种包容的样态都是自成一体的，不能以其他东西加以解释。但这些包容样态和以前讨论的充分具体的包容有一个共通的不同点，即骤然性。我所谓的骤然性，意思就是被记忆、预测、想象或思想的东西，完全包括在一个有限的复杂概念之中。在每种情形之下都有一个有限的永恒客体包容在该事态之中，作为一个有限等级体系的顶点。像这样脱离实际的不可限制性，在任何事态中都把所谓精神的东西和精神作用所指归的实际事件划分开了。

一般说来，对有关的永恒客体的理解，将丧失其明确性。例如休谟就说过“模糊的摹本”之类的话。但把这种模糊作为分等的根据是很不可靠的。思想所认识的东西往往比未被注意的实际经验中的同一东西更清晰。至于被理解为精神方面的东西则永远受着一个条件的限制，即当我们试图在它们的关系中找寻高一级的复杂性时总是无法进行。不论它是什么，我们总是发现我们想到的就是这些，再没有别的。对于有限概念说来，有一个限界使它离开了更高级的无限复杂性。

因此，一个实际事态便是一个无限等级体系（即它的关联等级体系）加上各种有限等级体系的包容体。无限等级体系综合到事态中去的根据是该体系的特殊体现样态。而有限等级体系则是根据各自的特殊体现样态。有一个形而上学原理对于经验事态一般性质的这种述说在理性上如何贯穿的问题具有极大的重要性。我称这一原理为“体现的明确性”。意思就是说，一个永恒客体，不论在什么体现样态下都正好是它本身。如果歪曲了个体的本质，就必然形成一个不同的永恒客体。在每一个永恒客体的本质中都有一种不确定性，表明它能无分轩轾地容忍一切进入任何实际事态的形式。因此，在认识的经验中，就可能发现同一个事态中的同一个永恒客体的进入样态在一个以上的体现等级中都具有意义。因此，体现的明确性加上进入同一事态的样态可能不止一个，就形成了真理论中符合说的基础。

当我们把实际事态从它和永恒客体领域的关联方面作过这些叙述之后，我们就回到第二章所述的一系列思想上去了。那儿讨论的是数学的性质。毕达哥拉斯所创始的概念被扩大了，并被列为形而上学的第一章。往下的一章所说的是一种令人迷惑的事实，即有一种事件的实际过程本身是一个有限的事实，但在形而上学上讲来却又不然。对其他形而上学如认识论和可能性领域无限宝藏的一些要素的分类等等的探讨就只得割爱了。这最后一个论题使形而上学和各种科学的专门论题见了面。

第十一章　上　　帝

亚里士多德发现要完成他的形而上学就必须引入第一推动者——上帝。从两方面看来这一点对于形而上学史是非常重要的事实。第一，如果我们要推举一个最伟大的形而上学家，那就不论从天资的颖悟、知识的渊博以及形而上学的渊源来看，都必须推举亚里士多德。第二，他在考虑这个形而上学问题的时候是完全冷静的，而且在欧洲第一流的形而上学家中他是最后一个可以说是冷静的人。在亚里士多德之后，伦理和宗教的研究就开始使形而上学结论受到影响。后来，犹太人首先是自愿地、接着便是被迫地流散到各地去了。犹太—亚历山大学派也兴起来了。接着出现的是基督教，紧跟在基督教后面又是伊斯兰教。亚里士多德所见到的希腊式的神都是从属的形而上学的实有，完全处于自然之内。因之，他在第一推动者的问题上，除开随着形而上学思维路线的发展而进行探讨以外，并没有其他动机。关于产生一个宗教所要求的上帝方面，这种追溯并没有引导他走多远。任何真正普遍的形而上学，如果不偷运一些其他理由进来，是否能从亚里士多德那里发展多远，就是值得怀疑的问题。但他的结论终于跨出了第一步。没有这一步，要在一个比较狭窄的经验基础上来形成神的概念就不大可能了。因为如果不是事物的一般性质要求有某种实有存

在，在有限经验的范围内，就不可能有任何东西能在实际事物的基础上提供材料，使我们对任何这类实有形成概念。

“第一推动者”一词提醒我们，亚里士多德的思想已经陷入错误的物理学与宇宙观的迷津中去了。在亚里士多德的物理学中，必须假定出许多特殊的“因”来支持物体的运动。只要一般的宇宙运动能维持，这一点是很容易纳入他的理论体系中去的。因为在这种情形下，每一个东西对于普遍的活动体系说来，都可以具有一个真正的目的。因此便需要一个第一推动者来维持天体运动，而一切东西的协调则依靠在这些天体之上。今天我们已经放弃了亚里士多德的物理学和宇宙观，所以上述理论的严格形式就显然不能适用了。但我们的一般形而上学如果还有一点儿近似于前一章所简述的情形，那就会产生一个与亚里士多德相类似的形而上学问题，而且也只有用类似的方法才能获得解决。我们需要有一个上帝作为“具体原理”，这就相当于亚里士多德要求有一个上帝作为第一推动者。这一论旨必须先将实际事态过程的一般含义加以讨论才能充实其内容。所谓实际事态过程就是体现过程。

我们所看到的实际性主要是和渊深莫测的可能性发生关系。永恒客体将每一种区分中被容纳和被排斥的等级体系的模式赋予实际事态。这一真理的另一看法是每一实际事态都是加在可能性上的一个限制，由于有了这个限制，事物被定形的结合性的特殊价值才能产生出来。通过这种方式我们便可以说明如何从可能性来看单个的事态，以及如何从单个的实际事态来看可能性。但如果说单个的事态就是孤立的事态，那便没有单个的事态可言了。实际性完全就是在任何情形下孤立的永恒客体的结合性，也是一切实际事态的结合性。我想在这一章叙述实际事态的统一体。前一章主要讨论抽象，这一章主要讨论具体，也就是讨论结合起来的东西。

现在不妨拿事态 a 来作例子；其他事态与 a 的关系既是 a 本质的组成成分，我们就必须叙述其他实际事态如何存在于 a 之中。a 的本质是一个已经体现的经验单位，因此我们所问的便是其他事态如何存在于 a 这一经验之中。目前我不打算讲认识的经验。关于这一问题的完整答复是：实际事态之间的关系形式和抽象领域中的永恒客观之间的关系同样是无穷无尽的。但这些关系有一些基本形式可以说明全部复杂的变化。

要理解这种进入的形式（一个事态进入另一个事态的本质），首先就要注意它们包含在前章所讨论的抽象等级体系的体现样态中。体现在 a 中的等级体系所牵涉的时—空关系，定义都是根据 a 以及进入 a 的其他事态确定的。因此，进入的事态便将其位态加入在等级体系之中，于是就使时—空样态变成了定言的决定。而等级体系则将其形式赋予事态，因之便限制事态只能在这些形式之下进入。正像前章所说的一样，每一个事态都是一切永恒客体在实际性等级的限制下的综合。在这里，每一个事态便是一切事态在进入形式等级的限制之下的综合。每一个事态在它的样态的限制下，综合了一切的内容。

关于 a 跟这类组成 a 的其他事态的内在关系的形式方面，其他事态可以有很多不同的方法加以分类。这些方法都跟过去、现在与将来的不同定义有关。哲学上一般都假定这些定义必然是彼此相等的。但物理学目前的意见，最后的证明这个假定在形而上学中是没有根据的。甚至认为区分过去、现在与将来对物理学讲来都是没有必要的。这一问题在论述相对论一章已经讲过了。但相对论这种物理学理论仅仅是涉及了形而上学中可能成立的各种问题的边缘。我的说法的重点是坚持一种无限的自由，实际事物在这里面只是一个独特的定言决定。

每一个实际事态都表明自身是一个过程。这是一种形成态。当它作这样的展示时，就把自身置于一丛其他的事态里。没有那些事态它是不能成为其自身的。它还表明自身是一个特殊的个体达成态，把永恒客体的无限领域集中在其有限的样态之中。

任何一个事态 a 从其他事态中发出时，其他事态就合组成它的“过去”。a 为了本身的缘故而展示出构成它的“现在”的其他事态。一个事态的根源唯有在表现在其“现在”之中的关联等级体系里才能获得。这种展示正是它本身对实际性产物的贡献。它可能受到产生其自身的“过去”的影响或为其全部所决定。但它在这些条件下展示于“现在”之中则是直接从其包容性活动中产生的。事态 a 也以“未来”的形式在本身之中包含着一个未定态。而“未来”则由于被包容在 a 之内，所以便有了部分的决定态，同时它跟 a 以及由 a 产生的过去实际事态与现在实际事态都具有确定的时—空的关联。

这种未来就是将其他永恒客体作为不存在而综合在 a 之中，并要求 a 过渡到与 a 具有确定时—空关系的另一种个体化中去，在这儿不存在就变成了存在。

在 a 之中，也有前一章所述的有限永恒客体的骤然体现。这种骤然体现若不是需要有限等级体系中的基本客体涉及 a 以外的确定事态(如这些事态在过去、现在与未来的状态等),便是需要这些永恒客体体现在确定的关系中,但却不包括在各实际事态互相关联的时—空体系之中。永恒客体像这样骤然被综合在一个事态之中,便是把永恒领域中的分析性质包容在实际性中。这种包容具有每一个事态由于本质上的限制而具有的有限实际性等级。正是这种在实际事态相互关联之外体现的永恒关联性的扩张,将全部永恒关联性包容到每一个事态中去了。这种骤然体现我称之为"等级展示",每一个事态都把它包容到自己的综合体中去。等级展示便是实际事态把某种意义下不存在的东西作为积极因素包容到它本身的达成态中去的过程。这就是错误、真理、艺术、伦理和宗教的根源。由于它,事实才有不同的可能。

把事件当成一个过程来看时,其产物就是经验单位。这种普遍的看法说明事件应分析为:(1)实体活动,(2)可供综合的条件潜能,(3)综合体的达成产物。一切实际事态的统一体不容许将实体活动分析成独立的实有。每一个个别的活动,不外乎是一般活动加上一些条件实现个体化的样态。进入综合体的展示也是限制综合活动的一种性质。如果说事态或永恒客体是一种实有,那么一般活动就不是一种实有。这是一种普遍的形而上学性质潜存在所有的事态下面,对每一个事态都具有一个特殊样态。没有任何东西能和它相比,它就是斯宾诺莎的唯一无限实体。它的属性就是个体化为多种样态以及用各种方式综合在这样态中的永恒客体领域。因此,永恒可能性以及其分化为个体化的多种样态便是唯一实体的属性。实际上形而上学状态的每一种普遍因素,都是实体活动的属性。

样态的一般属性是有限的，这一问题显示了形而上学状态的另一因素。这一因素必须列为实体活动的一个属性。每一种样态在其本性上都是有限的，所以就不至于形成其他样态。但除开这种细节上的限制以外，普遍样态的个体化受着两种方式的限制。

首先，这是一种事件的实际过程，就永恒可能性而言它本来会形成其他情况的，但却形成了这种实际过程。这种限制具有三种形式：(1)所有事件都必须遵循的特殊逻辑关系，(2)事件遵循的特选关系，(3)甚至在这逻辑和因果的一般关系中影响这一过程的特殊事项。因此，这一种限制便是先行选择的限制。就一般的形而上学状态来说，除开逻辑和其他限制以外，在样态上便会产生一种浑然不分的多元现象。但在这种情形下就不可能有上述的样态了。因为每一种样态都代表着一种实际性的综合体，这种实际性都受到了限制，必须符合于标准。

其次，限制是价值所付出的代价。如果没有先行的价值标准来决定呈现在活动的展示样态之前的东西应如何取舍，就不可能有价值。因此，价值中就有一种先行的限制，导入了矛盾、等级和对立。

根据这种说法，有两个事实都要求事件的过程必须在条件、特殊化和价值标准所组成的先行条件之中发展。这两个事实是(1)实际事态有一个过程，(2)事态是要求这种限制的价值发生态。

因此，作为形而上学状态中另一因素而言，便需要一种限制的原理。某种特殊方式是必要的，实际事物中所包含的东西的特殊化也是必要的。如果不承认这一点，就只能否认实际事态的实在性。它们的显然非理性的限制应认为是幻象的证明，我们必须在外表之下寻求实在。如果我们否认外表之下还有实在，那么我们就必须为实体活动的属性中所存在的限制提供根据。这一属性提供了那种限制。但这是无法说明理由的，因为一切理由都从这里产生出来。上帝是终极的限制，上帝的存在也是终极的非理性现象。他的本性中为什么刚好有那一种限制是没有理由可说的。上帝不是具体的，他倒是具体的实际性的根据。我们对于上帝的本性无法提出理由，因为这种本性就是理性的根据。

在这一说法中，值得注意的是形而上学中不确定的东西仍然必须作定言确定。在这儿我们就达到了理性的限度。因为有一种定言的限制不是从任何形而上学的论点中产生的。决定的原则可能在形而上学中有必要，但被决定的东西却没有形而上学的理由作根据。如果有这种理由，就无需其他原则了，因为这时形而上学就必然已经提供了这种决定。经验主义的一般原则所根据的理论是：有一种具体原则不是抽象理性所能发现的。我们所能进一步知道的关于上帝的东西都必须在特殊经验的领域中去寻求，因之也就必须建筑在经验的基础上。人类关于这些经验的解释差别是很大的。神的名称有耶和华、真主、梵天、在天之父、天之道、第一因、最高的存在、机会等。每一个名称都符合于从使用者经验中引申出来的一套思想体系。

中古和近代急于确定上帝的宗教意义的哲学家都有一种糟糕的习惯，他们喜欢从形而上学来尊崇上帝。上帝被认为是形而上学状态及其终极活动的基础。如果坚持这个看法的话，就只能把上帝看成一切善和一切恶的根源。因之，上帝便是整个世事的最高制作者。任何成功与失败都必须归之于他。但如果把他看成限制的最高根据,那么他的本性就使他必然将善恶分开,并且使理性“在她的领域中”确立起来。

第十二章　宗教与科学

要探讨宗教与科学之间的关系，有一个困难是：要阐明这个问题，首先在我们的脑子里必须对宗教与科学这两个名词具有极明确的概念。我将撇开一切科学或宗教上特殊信条的比较，尽量采取一般的方式来解释这个问题。我们所要理解的是这两个领域中间存在着哪一类的关系，并对目前世界所面临的形势作出一些肯定的结论。

当我们一考虑这一问题时，宗教与科学之间的冲突很自然就会浮现到我们的眼前。就好像近50年来科学的成果与宗教信仰已经到了公开决裂的地步，要就放弃明确的科学学说，要就抛弃明确的宗教信仰，此外就没有别的道路可走。论战的两方面都得出了这一结论。当然并不是所有的论战者都持这种见解。任何争论都会引起一批激烈的知识分子公开地进行交锋，唯有这批人才持这种见解。

敏感的人对这问题所感到的忧虑，他们对真理的热忱以及对这问题的重要性的认识，都引起我们最亲切的同情。如果考虑到宗教对人类有什么意义，科学的实质是什么，我们就可以毫不夸大地说，未来的历史过程完全要由我们这一代对两者之间关系的态度来决定。除各种感官的冲动以外，对人类具有影响的两种最强大的普通力量,一种是宗教的直觉,另一种是精确观察和逻辑的推理。而这两种普遍力量彼此似乎是对立的。

某次有一位伟大的英国政治家曾劝告他的同胞使用大比例尺的地圆,以便防止惊恐和痛苦,或误解国际之间的真正关系。同样的道理,在讨论人类本性中的永久因素的冲突时,我们最好也用一个较大的比例尺画下它的历史图案,并使自己从面临的冲突中解脱出来。做到这一点,我们立即就可以发现两个显著的事实。第一是科学与宗教之间经常存在着冲突;第二是宗教与科学两者都在不断地发展着。在早期基督教中,信徒们普遍都有一个信念,认为世界的末日将在当时的人还活着的时候来临。至于这一信念权威方面到底承认了多少,我们只能作间接的推测。然而我们却可以肯定地说,这一信念是广泛流传的,而且构成了群众宗教信仰中最深入人心的一部分。后来这一信念被证明是错了,于是基督教的教义又适应于这一变化。在早期教会中,个别的神学家信心百倍地根据《圣经》的观点,推论了实际宇宙的性质。公元 535 年有一个名叫科斯马斯的修士[①]写了一本题名为《基督教的地形学》的书。他是一个游览极广的人,曾经到过印度与埃塞俄比亚。最后他在亚历山大城一个隐修院中定居下来。当时亚历山大城是一个巨大的文化中心。在这本书中,他根据自己从《圣经》中逐字逐句地直接推论出来的意义,否认地球有对跖地存在。他认为地球形状是一个平坦的平行四边形,其长度是宽度的两倍。

17 世纪时,地动说受到天主教的宗教法庭所指斥。距今一百

① 参看勒启著:《欧洲理性主义的兴起与影响》第 3 章。——原注

年以前，地质科学所提出的时间广延性使得新旧教的宗教人士都大为震惊；而今天进化论的理论也仍然是宗教的眼中钉。以上这些只不过是略举几个例子来说明一般情况而已。

如果我们认为这种一再发生的复杂情形仅限于宗教与科学之间的冲突，而且在这种争论中宗教永远是错的，科学永远是对的，那我们便把问题看错了。实际情况比这要复杂多了，根本不可能用这样简单的几句话概括出来。

宗教本身由于内部固有的思想发生冲突，也具有同样性质的发展趋向。这一事实对于一个神学家说来是很平凡的，但在争论的气氛中却往往是模糊不清的。这一点我不想过分强调，只打算谈一谈天主教作家的情形。17 世纪时有一个名叫彼特维阿斯的渊博的耶稣会教士曾轻证明，公元一、二、三世纪的神学家所用的话在五世纪以后就会被指斥为异端。红衣主教牛曼也曾写出一篇论文探讨教义的发展问题。他写成这书时还没有任天主教的高级神职人员，但事后他终身都没有收回这书，而且还继续发行新版。

科学比宗教更容易发生变化。任何科学界人士在现代都无法不加修正地采用伽利略或牛顿的信念，甚至连自己在 10 年以前的全部科学信念也不能不加以修正。

这两种思想领域中都有增补、分歧和修正。因此，甚至当我们把一千年或一千五百年以前的话在今天重新讲出来，其意义也会受到一定的限制，或者必须加以扩充；这些都是古代所想象不到的。逻辑学家告诉我们：一个命题要就是真的，要就是假的，不可能有中间状态。实际上，我们也看到一个阐明重要真理的命题，必然受着一些条件的限制，也必须加以修正，而这些条件不是当时所能发现的。我们的知识有一个特点，就是我们始终知道有重要的真理存在；然而我们对这些真理所能作出的表达方式，只是假定着一些概念的一个一般观点，而这个观点将随时受到修改。我可以从科学中举两个例子来说明这一问题。伽利略说地球是动的，太阳是固定的；宗教法庭则说地球是固定的，太阳是动的；而牛顿派的天文学家则采取了一种绝对空间的理论，认为地球与太阳都是动的。今天我们却说这三种说法都对，只要你所确定的"静止"和"运动"两种概念的意义符合于你所持的见解就行。当伽利略和宗教法庭辩论的时候，伽利略描述事实的方式对科学研究无疑是极有利的。但就其学说本身来讲，并不比宗教法庭的说法更正确。在那个时候，根本没有人想到相对运动的概念。因之，这一说法便是在不知道更加完整的真理要求的条件下说出的。但太阳和地球运动的问题却表现了宇宙中一个真确的事实，上述三方面都对这一问题掌握了重要的真理。只是在当时的知识水平下，这些真理显得彼此不调和而已。

此外，我还要从现代物理科学中举出一个例子来。自从17世纪牛顿和惠根斯的时代以来，关于光的物理性质的问题一直存在着两种说法。牛顿的理论认为：光是由微粒流组成的。当微粒撞击到我们的网膜时，我们就会产生光的感觉。惠根斯则认为：光是由一种无所不在的以太所产生的极细微的振动波构成的，这些波随同光线一道传播。这两个说法是互相矛盾的。在18世纪时，人们都相信牛顿的说法，而19世纪时人们却相信惠根斯的说法。今天我则发现一大群现象只能用波动说解释，而另一群现象则只能用微粒说解释。科学家们目前只得暂时保持现状，等待将来眼界打开时，再把这两种说法调和起来。

关于宗教与科学之间发生争执的问题，我们也应采取同样的看法。在这两个领域中的任何事情，如果不是由我们自己或博学的权威者经过批判的研究，提出了确凿的理由作根据，就不能使我们相信。这一点要是事先确实做到了，那么当两者在互相交错的细节上发生争执时，我们就不会轻易被引导着放弃已有确实证据的理论了。我们也可能对其中某一套理论更感兴趣。但只要我们具有继往开来的精神，我们就会等待而不会参与互相攻讦。

我们应当等待，但却不应当被动地或失望地等待。冲突仅是一种朕兆，它说明了还有更宽广的真理和更美好的前景，在那里更深刻的宗教和更精微的科学将互相调和起来。

因此，从某种意义上讲来，宗教与科学之间的冲突只是一种无伤大雅的事，可是人们把它强调得过分了。如果仅是逻辑上的冲突，便只要加以调和就够了，可能双方的变化都不会太大。我们必须记住，宗教和科学所处理的事情性质各不相同。科学所从事的是观察某些控制物理现象的一般条件，而宗教则完全沉浸于道德与美学价值的玄思中。一方面拥有的是引力定律，另一方面拥有的则是神性的美的玄思。一方面看见的东西另一方面没有看见，而另一方面看见的东西这一方面又没有看见。

举个例来说，我们不妨看一看约翰·韦斯利以及阿西西的圣·弗朗西斯两人的生平。从自然科学方面说来，这两人的生平只有生理化学原理和神经反应动力学发生作用的普通事例，而在宗教方面，则具有世界宗教史中意义最深刻的事迹。如果宗教和科学的原理没有完整的表达法可以应用到这些特殊事例上来，那么从这两种不同的观点来说明这些人的生平，就会显得格格不入，这难道是值得惊奇的事吗？没有这种情形才真是奇怪哩。

但是，如果说我们可以不理会科学与宗教之间的冲突，那便是不切合实际的说法。在一个明智的时代中，绝不会有一种积极的观点抛弃调和真理的愿望。安于分歧就是破坏公正精神和高尚的道德。具有自尊心的智者应当把思想上每一种矛盾都探索到彻底解决为止。如果压制这种动力，就不能从被唤醒的谨慎思维中得到宗教或科学。要紧的是我们将以什么态度来对待这个问题？在这一点上我们遇到决定性的关键。

理论的冲突不是一种灾难而是一种幸运。我将从科学方面举几个例子来说明其中的意义。氮的原子量是大家都知道的。同时科学上也有一条十分确定的原理说明一定质量中的原子的平均重量总是相等的。但已故的瑞利勋爵和已故的冉赛爵士所做的两个试验发现，如果用两种不同的办法制取氮，结果虽然都能得到，但两种氮的原子量，始终有一点微小的差别。请问这两个人如果因为科学观察与化学理论之间发生冲突而感到失望，那能不能说是理智的行为呢？假定某个国家由于某种缘故而对化学理论非常重视，以致把它当成社会秩序的基础；那么禁止发表试验中所产生的与理论不符的事实难道能算是明智的、正直的和合乎道德的行为吗？或者说，瑞利勋爵和冉赛爵士难道会宣称化学理论已经是被拆穿的西洋镜吗？很显然，用这两种办法对待问题都不正确。瑞利和冉赛的话是这样说的，他们都认为自己找到某种观察门径，根据这条门径可能发现某种以往没有观察出来的精微化学理论。事实与理论之间的这种出入并不是一种灾难，反而是一种开拓化学知识领域的机会。大家都知道，这故事的结果是什么：是后来氩被发现了，这种新的化学元素不知不觉地藏在里面和氮混在一起。但这故事还有下文，正是我所要举的第二个例子。这一发现，使人们注意观察了用不同的方法制取的化学物质之间的细微差别。接着就有人用最精密的方法进行观察。终于有另一个物理学家——弗·威·阿斯顿在英国剑桥的卡文迪什实验室里发现，甚至同一元素也可能具有两三种不同的形式，叫做同位素。平均原子量不变的法则在各组同位素中是适用的，但在各同位素之间则略有差异。这一研究使得化学理论的力量大大加强了。原先由氩的发现而引起的研究，却获得了青出于蓝而远胜于蓝的意义。这一故事的教训是一望可知的，各位不妨把它应用到宗教与科学的问题上去。

在形式逻辑中，矛盾是失败的标志。但在实际知识的发展中矛盾则是走向胜利的第一步。这是对不同意见必须作最大限度的容忍的充分理由。这种容忍的责任已经永世不易地总结在这样一句话里："容这两样一齐长，等着收割。"[①]基督徒不能遵循这一条具有无上权威的箴言，真是宗教史中的咄咄怪事。但从追求真理所需要的品质说来我们的讨论还不彻底。有些捷径只能导向表面的成功，只要你愿意抛弃一半的证据，你便可以很容易找到在逻辑上是谐和的同时在事实的领域中也适用的理论。每一个时代都出现过逻辑清晰的智者，他们能理解人类某些经验领域的意义，并形成或继承了一种思想体系，刚好可以适合自己所关心的经验。这

① 见《圣经·马太福音》，第十三章第三十节。——译注

种人常常坚决地把一切产生矛盾,因而使他们的思想体系发生混淆的证据完全搁置一旁,或设法自圆其说。凡属不能配合到他们的体系中去的都被认为是胡说。但是唯有坚定不移地耐心考虑全部证据,才能避免像流行见解一样,在两极端之间摇摆。这种忠言虽极平常,但却很难做到。

难于做到的理由之一是我们不能预先加以构思,然后再行动。我们从呱呱坠地时起,就投入在行动里,只能偶尔地运用思维来加以指导。因此我们便在许多不同的经验领域中,采取适合于该领域的思想。我们虽然知道有些细微的区别是我们所看不到的,但还是完全要相信适用于一般情况的思想。同时,除开行动有必要以外,全部的证据除非是具有不完全谐和的理论的形式,否则就不能长期存在脑子里。我们无法通过无限繁杂的细节来构思,我们的证据唯有在一般观念的指导下才能具有一定的意义。我们从前人继承了这种观念,即所谓文化传统。这种传统的观念是不可能静止不变的。这种传统观念若不是退化成毫无意义的公式,便是由于更精微的理解获得了新意义,因而增加了新的生命力。在批判的理性的推动下,在活生生的感性证据面前,在科学观察的冷静而确定的事实当中,它将发生变化。有一点是肯定的,你无法使它们静止不变。任何时代都不可能死板地重复祖先的情况。你可以把生命保持在形式的流变中,或者在生命的低潮上保持形式,但却不能永远把同一个生命封闭在同一个模式之中。

欧洲各民族现在的宗教情况,证明了我所提出的说法。这里的现象是相当混乱的。有些时候有宗教的反作用和复兴。但许多世代的总趋势是欧洲文化中的宗教势力已经日见衰退了。每一次复兴都只能达到比前人低一筹的高峰，而每一个松懈时期则陷入一个比前人更低的深渊。平均的曲线说明宗教的声势是日益消沉的。某些国家的宗教兴趣比其他国家浓。但促使在这些国家里，经过几个世代以后，还是一样往下降。它似乎要退化成一个下降的公式，其作用只能点缀一下奢华生活。这样大的历史运动是由于许多原因汇合在一起造成的。在本章的讨论范围内，我只打算谈两个因素。

首先，近两世纪来，宗教一直处在防守地位，并且大有招架不迭之势。这个时期是空前的知识进步的时期。在这种情形下，思想方面便产生了一系列的新情况。宗教界的思想家在任何形势下都是被动的。有许多在宗教中被认为是极关重要的东西经过一阵挣扎、烦恼和咒骂之后，还是作了修改或另作解释。于是第二代为宗教辩解的人便视贺宗教界所获得的更深的领悟。在许多世代中，像这样的不光荣的撤退一再重复出现之后，宗教界思想家在知识界的威信便几乎是一蹶不振了。我们不妨对照一下：达尔文或爱因斯坦所宣布的理论，修正了我们的思想，这便是科学的胜利。我们不会说由于旧的观念被推翻了，便认为是科学的失败。须知这是科学的领悟又进了一步。

宗教除非能和科学一样面对变化，否则就不能保持旧日权威了。宗教的原则可能是永恒的，但表达这些原则的方式则必须不断发展。宗教的发展主要就是清除前一代人用幻想的世界图景来解释它的观念时所产生的复杂成分而把自己的固有的观念解放出来。像这样把宗教从不完整的科学中解放出来是有好处的。它澄清了自身真正的使命。应当记住的重点是：一般说来，科学每前进一步，便证明各种宗教信念的表现方式需要作出某种修正。它们可能需要加以扩充、解释，或完全用另一种方式加以叙述。假如宗教本是真理的一种完整叙述，这种修改就只是把重点更加精确地表达出来。这种过程是有益的。因此，任何宗教要是和自然界事物接触，那么随着科学知识的不断进步，有关这些事实的观点就必须不断地加以修正。在这种方式下，这些事实对宗教思想的正确意义就会不断地明确起来。于是科学的进展就必然会不断修正宗教思想，因而对于宗教有莫大好处。

16、17世纪的宗教争论，使神学家形成一种很糟糕的思想状态。他们在不断地攻击和防卫。他们把自己描绘成被敌军包围的堡垒的卫士。所有这些说法都只是一种似是而非的真理。这便是它们这样流行的原因。同时它们也是很危险的。把自己当成卫士的描述特别养成了一种好勇斗狠的党派性。最后，这种精神便表现了缺乏信仰。他们不敢加以修正，因为他们企图逃避责任，不愿把自己的性灵使命和某种个别的幻想斩断联系。

我们不妨举个例说明一下。中世纪初期，人们认为天堂在天上而地狱则在地下，火山被认为是地狱的狭口。我不是说这种信念已经成为正式的学说。但它却深入了一般人关于地狱与天堂的信念。大家都认为关于未来的教义就包含着这种观念。它成为基督信仰最有势力的解释者的说法。比方说，教皇格黎哥里的“对话录”[①]中就出现过这种观念。这人的官职地位极高，世界上比这地

① 参看格黎哥罗维阿斯：《中世纪罗马史》，第三卷，第三章，英译本第二本。——原注

位更高的唯有他自己对人类的服务。我要说明的不是我们对于未来的说法应当相信什么。不能正确的教义应当是什么，科学和宗教总是冲突的。科学把地球降为隶属于不重要的太阳的一个次要的行星，因之就把中世纪那种幻想驱除了。这样一来，这一冲突对宗教的性灵事务便有许多好处了。

探讨宗教思想发展的问题还有另一种方式，那就是要注意，任何口头的叙述在人们面前考验一个时期之后，就会暴露出含糊不清的地方。而这种含糊的地方又往往起重要作用。一个教义在过去的实际意义究竟怎样，如果单从逻辑上去分析当初不了解逻辑的重要性时所作出的口头叙述，是无法确定的。我们还必须看到人性对思想体系的全部反应。这种反应的性质是复杂的，其中包括着人性低处所发出的感情因素。科学和哲学的不带感情的批判，在这一点上就可以帮助宗教的发展。这种推动力的事例简直是举不胜举。比方说，利用宗教力量来清洗人性这种说法，在逻辑上的困难便在公元五世纪初帕勒吉乌斯[①]和奥古斯汀的时代引起了基督教的分裂。这种争论的余音在神学中一直是缭绕不绝的。

总之，我的看法是这样：宗教是人类某种形式的基本经验的表现。同时宗教思想这种表现法也不断地在趋于精纯，不断地排除了芜杂的想象。宗教与科学的接触是促进宗教发展的一大因素。

现在，我要谈谈现代人们宗教兴趣衰退的第二个理由。这里面牵涉到我在开头那一句话中所说的一个终极的问题。也就是

① 著名神学家，出生在英国。主张亚当的原罪不致影响后人，个人有自由意志，可以辨别善恶。这一说法与当时流行的教义冲突，后另成一派。——译注

说，我们必须知道宗教的意义是什么。教会在答复这一问题时，不是在宗教的各方面提出适合于过去时代的感情反应的说法，便是提出足以使近代非宗教人士感兴趣的说法。我所说第一种情形是这样：宗教所指靠的东西一部分是激起人们对暴君愤怒的本能恐惧(这是古代专制王国的苦难臣民心中最深刻的印象)，特别是引起人们害怕激起不可知的自然力量后面的全能暴君发怒。像这样指靠兽性恐惧的固有本能的方式已经逐渐地失势了。因为现代科学和现代生活条件告诉我们，遇到恐惧的情况时便要用分析的方法来分析它的原因和条件，所以这一方法便得不到直接的反应。宗教是人性寻求上帝的反应。把上帝描述为一种强力，就会激起现代人产生各种各样的带批判性的本能反应。这是一个具有决定意义的问题。因为宗教的主要论点如果不能立即博得人们的拥护，它就要垮台。在这方面，旧的词汇和现代文明中的心理学是不相容的。这种心理上的变化多半是由科学产生的。这可以就是科学的进步促使人们理解旧宗教表达方式的主要途径之一。现代宗教思想中掺入了一种非宗教动机，这就是为现代社会谋求一个舒适的组织的愿望。宗教被描述成对安排生活有价值的东西。宗教成立的理由是它有裁定正确行为的作用。正确行为的目的又很快地退化而成为光只为了使社会关系愉快。在这里我们便看到宗教观念发生了一种不知不觉的退化。这是由于它在较为明晰的伦理直觉的影响下逐渐澄清了的缘故。行为是宗教的附产物：这是一种不可避免的附产物，但却不是主要方面。每一个伟大的宗教宗师都反对把宗教说成只是行为准则的裁定者。圣·保罗曾指斥法律，清教徒的神职人员则把正义说成一堆破铜烂铁。坚持行为准则就说明宗教热忱的减退。最要紧的是：宗教生活并不是追求舒适的生活。现在我要坦率地说说我个人所看到的宗教精神的基本性质是什么。

宗教是某种东西的异象。这种东西既处在常川不住的事物之流中，同时又处在事物的外面和后面。这种东西是真实的，但还有待于体现；它是一个渺茫的可能，但又是最伟大的当前事实；它使所有已发生的事情具有一定意义，同时又避开了人们的理解；它拥有的是终极的善，然而又可望而不可即；它是终极的理想，然而又是达不到愿望探求。

人性对宗教异象的直接反应是崇拜。当宗教刚开始在人类经验中产生时，和野蛮人想象中最原始的幻想是纷然杂陈的。这种异象在历史过程中逐渐地、缓慢地和稳定地转化为更高级的形式，并且有更清晰的表达方式。当它重整旗鼓的时候，它就以更丰富和更纯洁的内容出现。宗教异象和它不断扩大的历史过程，是我们抱乐观主义的理由。离开了宗教，人生便是在无穷痛苦和悲惨之中昙花一现的快乐，或者是瞬息即逝的经验中一种微不足道的琐事而已。

这一异象所要求的只是崇拜。而崇拜就是在互爱的力量的驱使下接受同化。这一异象从来不作否定。它经常存在，并充满爱的力量。这种爱的力量代表着一种目的，完成这种目的就是永恒的和谐。我们在自然界中所看到的这种秩序绝不是力，它表现为复杂细节之间谐和的适应。恶就是兽性的驱动力，它要求达到的是支离破碎的目的，而不管永恒的异象。恶才会否定、阻挠和伤害。上帝的力量在于他所灌输给人们的崇拜。一种宗教的思想方式或仪式，如果促使人们领会到高于一切的异象，它便是强大的。对上帝的崇拜不是安全的法则，这是一种精神的进取，是追求不可达到的目标的行动。高尚的进取心被窒息就是宗教灭亡的来临。

第十三章　对社会进步的要求

连续几个世代以来，人类的活动都由一种本能观念控制着。本系统讲演的目的，是要分析科学在构成这种观念的背景时所发生的反应是什么。当一切都被说明之后，这种背景对于事物的结语便会形成一种模糊的哲学形式。这三个世纪构成了现代科学的时代，它们围绕着上帝、精神、物质以及用简单位置表示物质而产生的时间与空间等观念发展。整个地说来哲学强调的是精神；因之在最近两个世纪中便和科学脱节。但由于心理学的兴起，同时它又与生理学有关，所以便有渐次恢复旧观之势。在最近一个时期，17 世纪所确定的物理科学原理已经垮台，这也帮助了哲学的复兴。但直到这次垮台之前，科学一直是稳稳地停留在物质、空间、时间以及往后的能等概念上面。当时还有许多武断的自然定律来决定空间运动。这些都是从经验中观察来的，同时又由于某种模糊的理由而被当作是普通的。任何人要是在理论上或实际上怀疑这一点，便会受到严厉的谴责。纵使人们也许并不怀疑科学家相信自己的说法，这一论点对他们说来也完全是一种骗人的说法。因为他们现在所持的哲学观点，对于他们的假定——对任何目前事态所具有的直接知识都可以用来解释过去与未来——是完全找不到根据的。

在上面我还简单地提出了另一种科学哲学，其中机体代替了物质。为了这一目的，唯物论中的精神便分解成了机体的机能。心理领域就表示着事件的本质。我们的躯体事件是一个非常复杂的机体形式，所以它包括着认识。同时，时间与空间从最具体的意义上来讲，便是事件发生的场所。机体是一定形式的价值的体现。某种实际价值的发生要依靠对调和各种不同意见的限制。因此，事实上，事件本身便由于这种限制而成了价值。但正是由于这一点，它才同时也需要整个的宇宙参与才能成为其自身。

一切意义取决于持续。持续就是在时间过程中保持价值的达成态。持续的东西是自身固有模式的同一。持续需要有利的条件。整个科学的问题就是环绕着持续机体的问题。

目前的科学影响可以分成四方面来讲：(1)关于宇宙的一般概念，(2)技术的应用，(3)知识的专业化，(4)生物学说对于行为动机的影响。在前面几讲中，我已经努力作了一个概述。在这最后的一讲中，便应当谈一谈科学对于文明社会面临的问题所起的反应。

科学介绍到近代思潮中来的一般概念和笛卡儿所阐明的哲学理论是分不开的。我所指的是这样一种说法：——"肉体和精神是独立存在的个别实体，两者都是由于自身的缘故而存在，完全无须涉及对方。"这种看法和中世纪道德原则所产生的个人主义很相符合。这样虽然说明了这一概念为什么这样容易被人接受，但它的来源还是模糊不清的。这虽是很自然的事，但仍然是非常不幸的。道德原则强调了个别实有的内在价值。这样一强调就把个人和个体经验的观念提到思潮的最前头来了。混乱也就从这一点上开始的。每一个实有的发生态个体价值就变成了它的独立的实体存在，这是一个完全不同的概念。

我不是说笛卡儿用明显的推理造成了这个逻辑的（毋宁说是反逻辑的）变化。绝不如此；他所做的是首先把自己的注意力集中在自觉的经验上，这种经验被当作是他自己独立的心理世界中的事实。他所以会被引导着用这种方式来思维，是由于当时的风尚强调整个自我的个体价值。他隐晦地把他自身这一实有所固有的发生态个体价值变成了激情、样态和独文实体的个人世界。

他赋予躯体实体以独立性，因之便使这种实体完全脱离了价值的领域。它们退化成了一种完全没有价值的机构，只能提示一些外表的机巧性。天国也失去了上帝的光辉，这种看法一般认为是新教从依靠物质媒介的美学效果上缩回来的结果。这样缩回来就会把价值赋予那些本身毫无价值的东西。在笛卡儿以前，这种缩回的趋势就已经很明显了。因之，笛卡儿关于没有内在价值的物质粒子的科学理论，只是把没有被介绍到科学思想和笛卡儿哲学之中来以前就已经流行的理论，用明确的词句表达出来而已。这理论在烦琐哲学之中可能已经潜存着了，但在没有遇到这位 16 世纪的北欧思想家以前一直没有产生效果。笛卡儿所装备起来的科学使这种观点稳定下来，并在知识领域中夺得了地位。后来这一观点对于现代世界的道德前提具有极其复杂的影响。它的良好效果是在当时的狭窄领域中可以作为有效的科学研究方法，这种狭窄领域在 16 世纪是非常适于探讨的。其结果是在欧洲的思想界普遍地清除了远古的野蛮时代所遗留下来的歇斯底里的痕迹。这些都是好的，而且在 18 世纪也完全实现了。

到 19 世纪，社会进入了工业化时期，这些学说的恶劣效果就

发生了致命的影响。把精神当成独立实体的学说，不但直接引导出个人自有的经验世界，而且也引导出个人自有的道德世界。道德直觉被认为只能应用于全部个人自有的心理经验世界。因此，自尊心和尽量利用自己的机会这两个概念，就构成了这一时期工业界领袖人物的现实道德。现在西方世界还受着前三个世代狭窄的道德观念的危害。

认为单纯的物质没有价值的假定，使人们对待自然和艺术的美缺乏尊敬。当西方世界都市化的过程迅速发展，需要对新的物质环境的美学性质进行最精微和最迫切的研究时，认为这类观念没有考虑价值的说法达到最高潮。在工业化最发达的国家中，艺术被看成一种儿戏。19 世纪中叶，在伦敦就能看到这种思想的惊人实例。优美绝伦的泰晤士河湾曲折地通过城区，但在查林十字路上却大煞风景地架上了一座铁路桥，设计这座桥时根本没有考虑审美价值。

由此产生的两个恶果是：(1)不顾每一个机体和环境的真正关系，(2)不顾环境的内在价值，而在考虑终极目的时，环境的内在价值是必须充分估计进去的。

现代社会所遇到的另一个大问题是专家训练法的发现。这些人在特殊的思想领域中事业化，因而在个人所事门的范围内不断增进知识。由于这种知识专门化获得了成果，于是就有两个特点使现代不同于古代，这是值得注意的。第一，现代的进步速度十分迅速，一个普通寿命的人，在一生中便会遇到沧海桑田的变化。专人专职的做法在古老的社会中是一种天赐之福，但在未来的世界中则将对公众贻害无穷。第二，现代知识专门化的结果在知识领域中也发生了相反的效果。一个现代化学家可能对动物学方面的知识很差，而对伊丽莎白时代的戏剧的一般知识就更差，对英文诗的韶律毫无所知，而对古代史的知识更是一窍不通。我所说的当然是一般趋势，因为化学家并不比工程师、数学家和古典学家更糟。其实有效的知识应当是以专业知识为主，然后再在某种程度内对为专业服务的有益题目具有一定的认识。

这种情形埋伏着一个危机。它将产生出限于一隅的思想，每一个专业都将进步，但它却只能在自己那一个角落里进步。在思想上限于一隅，在一生中便只会思考某一套抽象概念。这个角落将成为人们跨过原野的障碍，而抽象概念所概括的东西，是没有人再加以注意的了。但任何抽象角落都是不足以包括人生的。因此，中世纪知识分子的禁欲主义，到近代就被一种不用具体方式考察全面事实的知识禁欲主义所代替了。当然，任何人都不会仅只是一个律师或数学家。人们在自己的专业以外都有其他的活动。但问题是真正的思想被局限在一个角落里。生活的其余部分只是由一个专业中引申出来的不完整的思想范畴来作浮面的处理。

这种专业化的趋势所产生的危险是很大的，在我们的民主社会中尤其如此。理智的指导力量减弱了。知识界的领导人物失去了平衡。他看到的只是这一种或那一种环境，而没有看到全面。调度的问题只交给庸碌无能，因而不能在某种事业中获得成就的人。简单地说，社会的专化职能可以完成得更好、进步得更快，但总的方向却发生了迷乱。细节上的进步只能增加由于调度不当而产生的危险。

不论你怎样来解释社会，关于现代生活的这一评论都可以适用于一切环境，不论是国家、城市、地区、机关、家庭甚至是个人，都是一样。特殊的抽象理论有发展,但具体的理解则在退化。使整体沉沦在某一局部之中。我不想坚持说现代的指导智慧无论在个人或社会方面都不如从前了。事实上这种智慧还可能稍微增进了一些。但如果要避免灾难,新获得的进步就需要有更坚强的指导力量。然而19世纪的各种发现都是朝专业化发展的,因此我们在指导智慧上便得不到发展,这样就有更迫切的需要。

智慧是平衡发展的结果。教育所要达到的正是这种个性的平衡发展。对于不久的将来来说,最有用处的发现,就是能增进这一目的而不妨碍必要知识专业化的发现。

我个人对我们传统教育方法的批评是:过于偏重知识的分析和求得公式化的材料。我的意思是:我们没有注意培养一种习惯,对于发生态价值充分发生交互影响的个别事实作具体的认识。我们所强调的只是抽象的公式,而抽象公式则不管这种价值的相互影响。

现在各国正在考虑普通教育和专业化教育的平衡问题。除我的祖国以外,其他的国家我都没有直接了解,不能妄谈。我知道我国有许多从事实际教育的人都不满于现行的教育方法。同时,整个教育制度不能适应民主社会的要求这一问题也根本没有得到解决。我认为解决这一问题的秘诀,并不在于把彻底的专门知识与较浅近的普通知识对立起来。弥补专门知识教育的缺陷的东西,必需是一种与理知分析知识完全不同的训练。目前我们的教育方法是深入研究少数抽象概念,然后再较为广泛地稍稍研究其他更多的抽象概念。我们学校的课程简直太死抠书本了。一般的训练应当以阐明具体认识为目标,我们应当满足青年人实际做出某些东西的欲望。甚至在这里也可以有一些分析，但只要能够说明在不同领域中的思想方法就够了。在伊甸乐园中，亚当看见动物的时候，并不能指出它的名字来。但在我们的传统体系中，儿童倒是先知道动物的名字，然后才看见动物。

解决教育事业中所遇到的实际困难，不可能有一种万应灵丹式的方法。但在一般理论上，仍可以用一种简单的方式来作指导原则。学生应当集中在一定的领域里。这种集中必须包括一切实际上的和知识上的必要条件。一般的过程都是这样，我个人倒愿意促进这种集中而不想妨碍这种集中。伴随这种集中过程，还有一些辅助的学习，如科学的语言等等。这种专业训练计划，必须导向一个适合于学生的明确目标。我们无须为这一说法多作解释。自然，这种训练必须具有适合于本身目的的宽度。但计划时却不可涉及其他目的，以免发生混乱。这种专业训练只能涉及教育的一个方面。它的重心在于知识方面，而主要工具则是书本。另一方面的训练重心则应当放在直觉方面，而不要脱离环境的分析。它的目标应当是直接的理解和损失精华最少的分析。最需要的普遍概念是认识各种价值，这就是审美方面的一种发展。在单纯实践的人那种粗鄙的专业化价值与空谈的学者那种微弱的专业化价值之间还有另一种东西存在。这两种人都是缺少某种东西。要是把这两种专业化价值加在一起，也得不到所欠缺的东西。缺少的东西是对一个机体在其固有的环境中所达成的各种生动的价值的认识。例如，你理解了太阳、大气层和地球运转的一切问题，你仍然可能遗漏了太阳落下时的光辉。对事物在其实际环境中的具体达成态的直接认识是没有任何东西可以代替的。我们需要的是

具体事实，并且需要把它有价值的地方显示出来。

我所说的是艺术和美学教育。但这里所说的艺术含义非常广泛，我甚至不愿用艺术这个名词。艺术是一种特殊例子。我们所需要的是培养出一种审美观念的习惯。根据我所阐述的形而上学理论说来，这样做就是增加个性的深度。对实在的分析表明有那两个因素存在，因为潜在活动引申为个体化的审美价值。而发生态的价值，也是活动个体化的尺度。我们必须培养维持客观价值的创造能力。没有创造能力就不可能有领悟，没有领悟也不可能有创造能力。当你接触实际情况时，就不能没有具体活动。没有推动力敏感性就会变成怠惰，没有敏感性推动力就会变成粗野。我所谓的敏感性是指最广泛的意义而言的，因之便包括对本身之外的东西的领悟，也是对一件事情中全部事实的敏感性。所以我所追求的广义的“艺术”，便是一种选择具体事物的方法，它把具体事物安排得能引起人们重视它们本身可能体现的特殊价值。例如我们把身体和眼睛的位置对好，以便能充分地看到日落，这便是艺术选择的一个简单实例。艺术的习惯就是享受现实价值的习惯。

但在这种意义之下，艺术所顾及的并不只是日落。比如工厂、机器、工人群众、工厂对普通人民的服务、它对于组织与设计天才的依靠、对于股票持有者成为财富的泉源等等，是表现各种现实价值的一个机体。我们所要训练的是理解这样一个机体的全面情况的习惯。在亚当·斯密死后(1790 年)的初期，对于政治经济学的研究究竟是害多还是利多，是一个值得争论的问题。它破除了许多经济学上的谬论，教导人们怎样理解当时正在进行的经济革命。但它又让人顽固地接受了一套抽象概念，这对现代思潮的影响是极其有害的。它把工业中人的成分一笔勾销了。这仅是现代科学中所存在的普遍危机中的一个例子。它的方法论是排他的、褊狭的，而且也确属。它只注意某一套抽象概念，而抹杀其他一切东西。它把有关自身内容的一切资料和理论都加以解释。只要求得抽象概念的方法正确，这种方法是成功的。但不论怎样成功，它总是有一定限度的。不考虑这些限度就会产生严重的疏忽。科学的反理性主义存在的根据，一部分是由于它能保持住有用的方法论。科学本身有一部分仅是非理性的成见。现代的专业化就是训练人们的脑筋去遵循方法论。17 世纪的历史性革命和更早时期对于自然主义的反应，都是超越中世纪有教养阶层所迷恋的抽象概念的例子。这些较早时期都具有理性主义的理想，但却没有追求它。他们忘记了推理的方法需要运用抽象作用所涉及的限制。因此，真正的理性主义便必须经常超越自身，回复到具体事实以求得灵感。自给自足的理性主义实际上就是反理性主义。这是在某一套抽象概念上武断地停住了。科学的情况就是这样。

在事物的本质中，具有两种原则。不论探讨那一个领域，它们都可能以某种特殊形式体现出来。其中一个是变化的原则，另一个是守恒的原则。任何实在的东西都不可能缺少这两个原则。只有变化没有守恒，便是从无到无的过程。最后汇集时，只能得到一种转瞬即逝的“不存在的实有”。光有守恒没有变化也没法守恒。总而言之，环境是处在流变之中的，单纯的重复就将使存在失掉新颖性。现存的实在是由事物流变中持续的机体构成的。机体的低级形式所达成的自我同一，统治着它们整个的实际生命。电子、分子和晶体都属于这一形式。它们显示出实质的和完整的同一性。

在出现生命的高级形式中，情形就更加复杂了。因之，这里虽然也有复合的持续模式，但这模式还是退到整个事物的深处去了。在某种意义上讲来，人类的自我同一比晶体更为抽象。这种同一是精神的生命。它和创生性活动的个体化有关。所以从环境中获得的变化条件和有生命的人格分开了。人们认为那些条件构成它的被感知的领域。实际上，知觉的领域和感知的精神都是一些抽象概念，在具体情形中就构成一连串身体的事件。心理领域本身只限于感官对象和转瞬即逝的感情，是较小的恒定性，仅仅能免于变成单纯变化那一类的"不存在的实有"。精神是主要的恒定性，它充满在整个领域中。而这领域的持续性则是灵魂。但灵魂若没有转瞬即逝的经验来充实就会枯萎下去。高级机体的秘密就在于这两个等级的恒定性。在这种方式下，环境的新颖性被吸收到灵魂的恒定性中去了。变化的环境由于多样化，便不再是机体持续性的敌人了。高级机体的模式退到个体化的活动后面去了。这是高级机体对待外界条件一致的方式。如果外界条件有适当变化，这种方式便可以得到加强。

像这样充实灵魂，就是为什么必须有艺术的理由。一个静止的价值不论怎样重要，由于它的持续态过于单调，就变成不可忍耐的了。灵魂大声疾呼地要求解放到变化中来。它处在幽闭狂的痛苦中。情绪、知虑、玩笑、游戏、睡眠等等的变化，尤其是艺术的变化，对于灵魂说来都是必要的。伟大的艺术就是处理环境，使它为灵魂创造生动的但转瞬即逝的价值。人类在某些时候，需要有些东西来吸引他，需要有某种反常的东西来吸引他的注意力。但是除非在思想的抽象分析中，我们是无法把生命分开的。因此，伟大的艺术还不仅是一时的刺激。它为灵魂增添了自我达成的恒定的丰富内容。它存在的理由一方面是直接的享乐，另一方面是内在存在的法则。这种法则和享乐并没有区别，而是由享乐产生的。它使灵魂变成了价值的永恒体现，超越了它从前的自我。艺术中这种变化的因素从它本身历史所反映的永远活动的情况可以看出来，当一个时代充满了某一派别的伟大作品时，就必须寻找出某种新的东西来。人类不断地前进，但事物中还是要有一个平衡。在没有充分地达到达成态时就发生变化，不论在性质上还是产物上都将对伟大性发生破坏作用。现存的艺术不断地在发展，然而又在离开它的不变的目标，所以它的重要性是不能加以夸大的。

对于文明社会的审美的需要说来，科学的反作用从来是不幸的。它的唯物论基础使人们都把事物和价值对立起来。如果从具体的意义来看，这种对立是虚假的。但从一般思想的抽象水平上来看，这却是真的。这种错误的强调和政治经济学的抽象概念结合起来了。实际上商业活动就是按照这些抽象概念进行的。因此，一切有关社会组织的思想都用物质的东西或资本来表明。终极的价值被排斥了。人们对这些价值是敬鬼神而远之，然后把它转交给神职人员做礼拜用。商业竞争的某种道德信条制定出来了，在某些方面还极高尚，但却完全没有考虑人生价值。工人被当成劳工窝里抽出来的人手。对于上帝提出的问题，人们的答复就是该隐的答复——“我岂是看守我兄弟的人吗？”[①]他们也犯了该

① 据《圣经》创世记记载，亚当的大儿子该隐因嫉妒而杀死其弟亚伯，上帝问他时，他就以文中的话回答，后来该隐受到了惩罚。——译注

隐的罪。英国的工业革命就是在这种气氛中完成的。其他地方在很大程度上也是这样。最近半个世纪来,英国内部的历史大部分是缓慢而痛苦地消除新时代初期所遗留下来的恶果努力史。文明也许无法从使用机器后所造成的恶劣气氛中恢复过来了。这种气氛充满了北欧进步民族的整个商业体系。造成这种情形的原因,第一是新教徒在审美上的错误,第二是科学唯物论,第三是人类天生的贪欲,第四是政治经济学的抽象概念。我这一看法可以在麦考莱评论骚锡“关于社会的对话”的那篇文章中找到解释。这文章是 1830 年写的。麦考莱已经成了当时或历代人物中最受推崇的一人。他具有天才,而且是一个心地善良和受人尊敬的革新家。下面是该文章中的一段:

“人们说,我们这一个时代所产生的滔天罪恶是我们的祖先所不能想象的。现在社会所处的状况甚至还不如完全毁灭好。这一切都是由于纺织工人所住的四壁萧然的长方房子造成的。骚锡先生说他已经找到了一种方法可以把工业与农业的效果加以比较。这方法是什么呢?就是站到山顶上去瞭望工厂和茅屋,看看哪个更可爱。”

骚锡的书中似乎说了不少的蠢话。但光就这一段引文来看,他如果在将近一世纪以后的今天再回到人间来,也是很吃得开的。早期工业制度的恶果现在几乎已成为老生常谈了。我所坚持的是,那时的人即使是最贤明的,对于美学在一个民族的生命中具有什么意义,也全都是光眼瞎子。就是今天,我认为我们也远没有作出正确的估价。这一严重错误的产生,还有一个有力的附带因素,这就是科学上认为运动着的物质是自然界中具体的实在这一信念。因此，审美价值就变成了一个外来的和不相干的附属物了。

这种衰败可能性的景象还有另一方面。在这科学与技术飞跃发展的新环境中，未来的文明将是什么？这是现在脍炙人口的问题。未来的恶果已经从很多方面诊断出来了。比如失去宗教信仰、滥用物力、差别生育率有利于低等人类而造成的退化，审美创造性的受压制等等都是。无疑地，这些都是危险而可怕的恶果。但这些都不是什么新鲜问题。自从有生民以来，人类就一直在失去宗教信仰，一直在受到滥用物力的危害，一直由于优秀人物毫无成绩而遭到不幸，而且一直周期性地出现艺术的衰败。在埃及吐坦哈门王朝时，新派与旧派之间无情地进行一种你死我活的宗教斗争。洞窟中的壁画显示出有一个时期具有精美的审美成就，后来这种成就被一个庸俗的时代所代替了。在中世纪时代，宗教界领袖、伟大的思想家、伟大的诗人与作家，以及全部的神职人员，都没有什么创造能力。最后，我们假如不看民主政治、贵族政治、君主、将军、军队和商人等等表面现象，而看一看过去的实际情形，就可以看出一般人使用物力是盲目的、固执的、自私的，甚至往往是恶意的。然而人类还是进步了。甚至就是拿人类历史中最光辉的一小段来看也是这样，如果把一个现代人放到希腊鼎盛时代去，生活得最顺当的也许是一个重量级拳击家，而不是牛津或德国的希腊学者，这一点和目前的情形完全一样。诚然，牛津的希腊学者最大的用处只是写一篇颂词替拳击家捧捧场而已。一个现代人在自己的工作中感到丧气的莫过于叫他把往日的优越处和现代一般的失败事迹相比较。

总之，历史上确乎有衰败的时期。目前也和其他时代一样，社

会正在衰败之中,必须找出挽救的办法。专家并不是世界上新出现的东西。但过去专家形成一种不进步的阶层。而现在的专家则是和进步分不开的。目前世界已经面临着一种无法控制的体系。这种情形有它的危险性,也有它的好处。显然,物力的增长将为社会福利的增进提供机会。假如人类能善处难局的话,在我们的前面确实存在着一个有益于创造的黄金时代。但物力本身在伦理上讲来是中性的。它也能向错误的方面发展。现在的问题不是怎样产生伟大的人物,而是怎样产生伟大的社会。伟大的社会将使人知道如何应付这局面。唯物论哲学强调一定量的物质,并从这物质上推演出环境的某种特性。它给人类的社会良心带来非常不良的后果。它几乎完全把注意力导向一定环境中的生存竞争。在很大的程度上环境是固定的,而在这个范围内生存竞争是存在的。如果对世界只看好的一面,便是非常愚笨的。我们必须承认有斗争。但问题是:谁将被消灭。作为教育家说来,我们必须对这一点具有清楚的概念。因为这一点能决定我们将产生哪一类的人物,也能决定我们应向人们灌输哪一类的实际伦理。

但在过去三个世代中,完全把注意力导向了生存竞争这一面。于是就产生了特别严重的灾难。19 世纪的口号就是生存竞争、竞争、阶级斗争、国与国之间的商业竞争、武装斗争等等。生存竞争已经注到仇恨的福音中去了。幸而从演化的哲学中所能得出来的全面结论是很平稳的。成功的机体将改变它的环境。能改变环境进行互助的机体就是成功的机体。这一法则曾以极大的规模在自然界中体现出来。例如,美洲印第安人接受了他们的环境而不去改变环境,其结果是很少一点人口也几乎无法在一个大洲上生存。

欧洲民族到这个大陆来以后，却采取了相反的政策。他们马上协力改变了环境。其结果是比印第安人多20倍的人口占了同一块土地，而这一个大陆还没有住满。还有许多不同的种族互相联合起来进行互助。这不同种族之间的分化与结合在最简单的物理实有中也表现出来了。例如电子与带阳电的原子核，以及整个的生物界中的协作都是如此。巴西森林中的树木就依靠着各种不同物种的联合。这些种是彼此互相依赖的。一棵树单独生存就要受到变幻无常的环境不利时机的影响。风可能吹折它，温度的变化可能妨碍树叶的生长，雨可能冲刷土壤，树叶可能被吹走而不能作肥料。在特殊环境或人工培植下，可以获得单独生长得很好的树木。但在自然环境的一般情况下，树木就要联合成树林才能长得好。每一棵树可能在完满的生长方面要失去一些东西，但它们彼此互助共同保持了生存的条件。土壤被保持住了，并且有了树荫。造成肥料所必需的微生物便不会被晒死、冻死或冲走。一个树林就是标志着互相倚靠的物种组织起来以后的胜利。而危害森林的微生物也自行消灭了。同时，就两性来说也同样说明分合的好处。在世界的历史中，胜利从不会属于以攻击或防卫武器见长的物种。实际上自然最初所产生的动物都是躲在硬壳里防卫生命的灾害的。在躯体的大小上也曾有过一段尝试。但是体外没有甲胄、热血、敏感而灵活的小动物获胜了，它们躯除了地面上那些大怪兽。同时，狮和虎也不是获胜的种类，它们惯于使用强力，有时就不能达到目的。它的主要缺点就是不能合作。每一种机体都需要有一个友谊合作的环境。一方面是防卫突然的变化，另一方面是供给需要。强力的福音是与社会生活不能相容的。所谓强力是指最广

泛意义上的对抗。

但划一的福音也几乎是同样危险的。国家与民族彼此之间的差异，对于保持高度发展的条件是必要的。动物向上发展的主要因素之一，就是能够四处走动。披着甲胄的怪兽处处吃亏，恐怕也是由于这一点，因为它们不能走动。而能走动的动物则可以到新环境去。它们要不能适应就只有死亡。人类曾从森林中走到原野，又从原野走到海岸，从一种气候走进另一种气候，从一个大陆走进另一个大陆，从一种生活习惯过渡到另一种生活习惯。当人类不再走动的时候，他就不能够在生物领域中得到提高了。身体走动固然重要，但人类精神上的活动却更重要，其中包括思想上的活动，感情上的活动和审美经验上的活动。人类精神上的奥德赛必须由社会的多样化来供给材料和驱动力。习俗不同的其他国家并不是敌人。它们是天赐之福。人类需要邻人们具有足够的相似处以便互相理解，具有足够的相异处以便引起注意，具有足够的伟大处以便引起羡慕。我们不能希望人们具有一切的美德。甚至当人们有奇特到令人纳罕的地方，我们也应当感到满意。

现代科学使人类有游动的必要。进步的思想和进步的技术使得从一个世代到另一个世代都有到未有航线的海洋去冒险的必要。游动的最大好处就是要遇到危险，而且要掌握技术，以避免灾祸。同时，我们必须估计未来会出现危险。未来的作用就在于有危险，而科学的好处就在于能使未来具有危险。19 世纪时期繁荣的中间阶级统治了整个社会。他们过分地强调了平静生活的价值。他们不愿面对新的工业制度所强加于他们的社会改革的必要。现在他们又不愿面对新知识所引起的知识革命的必要。中间阶级对未来世界的悲观，是由于他们对于文明与安定的概念非常混淆。在不久的将来，安定将比不久的过去少。我必须承认，不安定达到一定程度就会与文明不能相容。但整个说来，伟大的世纪都是不安定的世纪。

在这一系列讲演中，我力图描绘出思想领域中的一次大冒险。西欧各民族都参加了这次冒险。它以群众运动的缓慢速度发展着。它的时间单位是以半个世纪来计算。这个故事是一次理智显示的史诗。它告诉我们一个民族经过一段长时期的准备后，怎样在理智上产生了一个特殊的方向，此后主题是怎样逐渐展示出来的，它如何获得了胜利，它的影响如何决定了人类行动的源泉；最后，当它达到胜利的顶点时又如何显露了自身的界限，于是又唤起人们再来运用一次创造性的思想。这一叙述的教训就是理智的力量是伟大的，它对人类的生活具有决定性的影响。伟大的征服者从亚历山大到恺撒，从恺撒到拿破仑，对后世的生活都有深刻的影响。但是从泰利斯到现代一系列的思想家则能够移风易俗、改革思想原则。前者比起后者的影响来，又显得微不足道了。这些思想家个别地说来是没有力量的，但最后却是世界的主宰。

图书在版编目(CIP)数据

科学与近代世界/(英)A.N.怀特海著;何钦译.
—北京:商务印书馆,2017
(汉译世界学术名著丛书:120年纪念版:珍藏本)
ISBN 978-7-100-14730-9

Ⅰ.①科… Ⅱ.①A… ②何… Ⅲ.①自然科学—影响—文化史—西方国家 Ⅳ.①K103

中国版本图书馆CIP数据核字(2017)第157315号

汉译世界学术名著丛书
(120年纪念版·珍藏本)
科学与近代世界
〔英〕A.N.怀特海 著
何 钦 译

商 务 印 书 馆 出 版
(北京王府井大街36号 邮政编码100710)
商 务 印 书 馆 发 行
北 京 冠 中 印 刷 厂 印 刷
ISBN 978-7-100-14730-9

2017年12月第1版 开本710×1000 1/16
2017年12月北京第1次印刷 印张14½
定价:72.00元